亢 月

二日乙未金開　大歳後小歳位母倉月徳合復　療病移徙出行　入学吉　日遊在内

参金峯山、以丑時出立、依物忌出門間、以塩湯灌衆人、従中河
行西、従大宮出南、従二條至朱雀、従大路七條下、従之羅城門、鴨河
尻乗舟、時辰、従八幡宮、午時奉幣、誦経、信布二十端、従宮従身之度、
東宿内記堂上宿

氐 火

三日丙申火閉　秋分八月中　沐浴　雷乃収聲　公貴　大歳後小歳位　頭解除塞穴　斬草除服吉　日遊在内

参大安寺、扶公奉饗、依華美不甚受、南中門東腋宿、御明、誦経、
信布卅端

房 水

四日丁酉火建　沐浴　大歳後小歳位歳徳合歳對　出行解除　除服吉　日遊在内

宿井外堂、雨甚、日降、御明、誦経、信布十端

心 木

内論義

五日戊戌木除　社　大歳後小歳前母倉往亡血忌　療病解除壊垣　破碓碓井吉　日出卯時四　昼五十刻　日入酉時四　夜五十刻　日遊在内

従宿雨晴行、宿軽寺、御明、誦経、信布十端

監修者――加藤友康／五味文彦／鈴木淳／高埜利彦

［カバー表写真］
土御門第の藤原道長
（『紫式部日記絵巻』）

［カバー裏写真］
金峯山埋納経筒と
紺紙金字法華経（部分）

［扉写真］
『御堂関白記』寛弘４（1007）年８月
（金峯山参詣の記事）

日本史リブレット人019

# 藤原道長

## 摂関期の政治と文化

*Otsu Toru*
大津 透

目次

## 道長の実像にせまる

今から一〇〇〇年前に生きた藤原道長(九六六～一〇二七)といえば、平安《へいあん》時代、摂関《せっかん》政治を代表する政治家・貴族《きぞく》であり、その名を知らない人はいないだろう。しかし、道長が何をして、何を残し、歴史にどのような名をきざんだのかというと、なかなかわからないだろう。

これまでの道長のイメージは、一条《いちじょう》天皇の後宮《こうきゅう》争いに勝利し、中関白《なかのかんぱく》家▲の藤原伊周《これちか》を政変により失脚させる、長女彰子《しょうし》の生んだ孫の敦成《あつひら》親王の即位をめざし、三条《さんじょう》天皇に嫌がらせを繰り返し退位を迫る、政変や陰謀によって権力を掌握したというものである。かつて北山茂夫▲は、岩波新書『藤原道長』において、主人公を「国策上の事蹟の皆無のこの政治家」と呼び、「地方政治に対し

▼**中関白家**　平安中期の関白藤原道隆《みちたか》の一家の称。父兼家《かねいえ》と弟道長との中間に位置したための呼称。道隆は正暦《しょうりゃく》元(九九〇)年に関白となり、娘の定子《ていし》を一条天皇の中宮《ちゅうぐう》として一家の繁栄をきわめたようすが、『枕草子《まくらのそうし》』に描かれる。

▼**北山茂夫**　一九〇九～八四。立命館大学教授などを歴任。マルクス主義の立場に立ちながら、奈良時代を中心に古代の政治・人物史に多くの著作を残した。『藤原道長』は、一九七〇年刊行。

て積極的にほとんど何らの政策を打ち出さなかった」ときわめて低い評価をしている。

そもそも摂関政治期には、貴族は先例だけを守り、意味のない儀式作法に意をそそぎ、実質的な政治は存在しないという一種の思い込みがあり、私利私欲に走り、貴族は歌に生き、恋に生きていたという王朝《おうちょう》文学に由来するイメージも強かったのである。

摂関政治は、天皇が幼少時には摂政《せっしょう》、成人すると関白が、天皇の外祖父《がいそふ》などの血縁関係を基礎にして、「後見《うしろみ》」により天皇を支えるミウチ政治という側面がある。さらに近年では摂関だけでなく、母后《ぼこう》、女院《にょいん》（国母《こくも》）や父院も「後見」として大きな役割を果たしたことが注目されている。ただしかつては摂関が摂関家政所《まんどころ》を中心に国政を私物化したというイメージがあったのだが、早く土田直鎮▲によってそうした考えは否定され、政治の中心は太政官《だいじょうかん》にあったことが強調されていた。

一九八〇年代以降、「王朝国家論」の提唱を受けて、平安時代中期の政治制度の実証的研究が進んだ。後述する陣定《じんのさだめ》や政《せい》（申文《もうしぶみ》）など太政官政治の解明が進

▼**土田直鎮**　一九二四〜九三。東京大学文学部・史料編纂所教授、国立歴史民俗博物館館長。『大日《だいに》本史料《ほんしりょう》』二編の編纂のなかで摂関政治の実態を明らかにし、「政所政治」を否定した。『王朝の貴族』（一九六五年）はベストセラーとなった。

められたが、何よりも地方官である受領《ずりょう》の国家的位置づけが変化したことが大きな意味があったと思う。かつては「倒るる所に土をつかめ」に象徴される、私利私欲の固まりという受領のイメージがあったが、地方官として徴税を請け負い、政府に貢納していたことが明らかになった。それにより、律令《りつりょう》国家が「崩壊」し、国家がないようなイメージが改められ、「王朝国家論」に代表される、平安中期の独自な国家のあり方が研究の対象となったのである。

また歴史学における国家観の変化も背景にあげられる。従来の歴史学が階級闘争、人民の専制的支配を中心にしていたのに対して、文化人類学などの影響もあり、儀礼《ぎれい》の果たした役割に注目が集まった。「儀礼」や「先例」といえば平安貴族の否定的イメージだったが、土田が「儀式の場をはなれて、政治は別に存在しない」と明言したことを受けて（「平安時代の政務と儀式」）、貴族社会内部での儀礼研究、さらに政治のあり方の解明が進んだのである。その前提には、この時代の貴族が記した日記（古記録）や、具体的な儀式のやり方を記した『西宮《さいきゅう》記《き》』『北山抄《ほくざんしょう》』などのいわゆる儀式書▲の読解と分析が進んだことがある。

藤原道長には日記『御堂関白記《みどうかんぱくき》』が伝わり、約半分が自筆原本、残りも平安時

▼**儀式書**　朝廷での政務・行事の作法を儀式といい、その作法を記した書を儀式書という。九世紀には官撰《かんせん》の『内裏式《だいりしき》』『儀式』などが編まれたが、源高明《みなもとのたかあきら》撰『西宮記』、藤原公任《きんとう》撰『北山抄』、大江《おおえの》匡房《まさふさ》撰『江家次第《ごうけしだい》』が有名である。いずれも『新訂増補故実叢書』所収。

代の古写本で国宝である。その読解として、山中裕編『御堂関白記全註釈』全一六巻(思文閣出版、一九八五～二〇一二年)があり、筆者は注釈原稿の分担執筆だけでなく調整や校正など、諸先輩とともにその刊行にかかわってきた。完成までに三〇年弱かかったが、その間の平安時代研究の進展を受けて、注釈のレヴェルもずいぶん高まったと思う。さらにその総括として、大津透・池田尚隆編『藤原道長事典――御堂関白記からみる貴族社会』(思文閣出版、二〇一七年)を編集刊行した。『御堂関白記』にあらわれる語句・事項をもとに、その注釈原稿を発展させて、道長のみた世界を読み解くという試みである。

そこには総論として「藤原道長のめざしたもの」を記したが、こうした注釈や事典の成果をふまえて、本書では道長の実像に迫ることをめざしたいと思う。さきに述べたように、三条天皇に陰湿に退位を迫った専制的権力者というイメージが強いが、それが本当なのか、伝記的に道長の一生を追い、権力の掌握と変化の過程を考えるだけでなく、政治制度の分析によって、道長がどのような政治をめざしたのかを明らかにしたい。

もう一点、文化的な側面にもふれたい。文化人類学の成果を受けて、「王権《おうけん》」

という考え方が歴史学でも用いられることがある。単に政治権力だけでなく、宗教や文化的要素によって王権は成立するのだが、道長の晩年の宗教的事業を取り上げ、道長は天皇にはならなかったが王権となり、それが院政《いんせい》につながるとする「道長の王権」という考え方が提唱されている。ここでは晩年に限らず、仏教以外のさまざまな文化的な貢献についても考えてみたいと思う。

# ①—道長の登場

## 誕生と父藤原兼家

藤原道長は、藤原兼家《かねいえ》▲の五男として、康保《こうほ》三(九六六)年に生まれた。母は摂《せっ》津守《つのかみ》藤原中正《なかまさ》の娘、時《とき》姫である。同母の兄に長男道隆《みちたか》、四男道兼《みちかね》、姉に超子《ちょうし》(冷泉妃《れいぜいひ》)、詮子《せんし》(円融《えんゆうの》女御《にょうご》)がいる。藤原師輔《もろすけ》▲の孫にあたる。道長誕生の時、父兼家は三八歳であるが、まだ公卿《くぎょう》にいたっていなかった。

師輔の父の藤原忠平《ただひら》は、摂政《せっしょう》・関白《かんぱく》として朱雀《すざく》天皇・村上《むらかみ》天皇に仕え、この頃摂政・関白のあり方が定まった。忠平が天暦《てんりゃく》三(九四九)年に没すると、村上は関白をおかなかったが、長男の左大臣実頼《さねより》、次男の右大臣師輔とともに政治を行い、師輔の娘安子《あんし》が皇后となり、皇親《こうしん》や源氏《げんじ》も含む貴族《きぞく》連合体制がつくられたが、政治の中心にいたのは、九条殿《くじょうどの》師輔であった(その子息を九条流という)。村上天皇が康保四(九六七)年に没し、憲平親王《のりひらしんのう》が践祚《せんそ》すると(冷泉天皇)、本来関白となるべき外祖父《がいそふ》師輔はすでに死去しており、皇后安子も三年前に死去していたため、兄の小野宮《おののみや》左大臣実頼が関白に就き太政《だいじょう》大臣に進んだ(その

▼**藤原兼家**　九二九〜九九〇。右大臣師輔の三男。安和二(九六九)年安和の変直前に蔵人頭をかねたまま中納言となるが、天禄《てんろく》三(九七二)年伊尹没後は兄兼通が関白となり不遇となる。寛和二(九八六)年に外孫の皇太子を皇位に即け、ようやく摂政(のち太政大臣、関白)となった。

▼**藤原師輔**　九〇八〜九六〇。藤原忠平《ただひら》の次男。娘安子を村上天皇の女御、中宮として、天皇の信頼をえて、右大臣にとどまったが摂関家九条流の繁栄の基礎を築いた。おおらかで度量が広く、人望が厚かった。忠平の儀式作法を継承し『九条年中行事《くじょうねんじゅうぎょうじ》』を編み、日記『九暦《きゅうれき》』が伝わる。

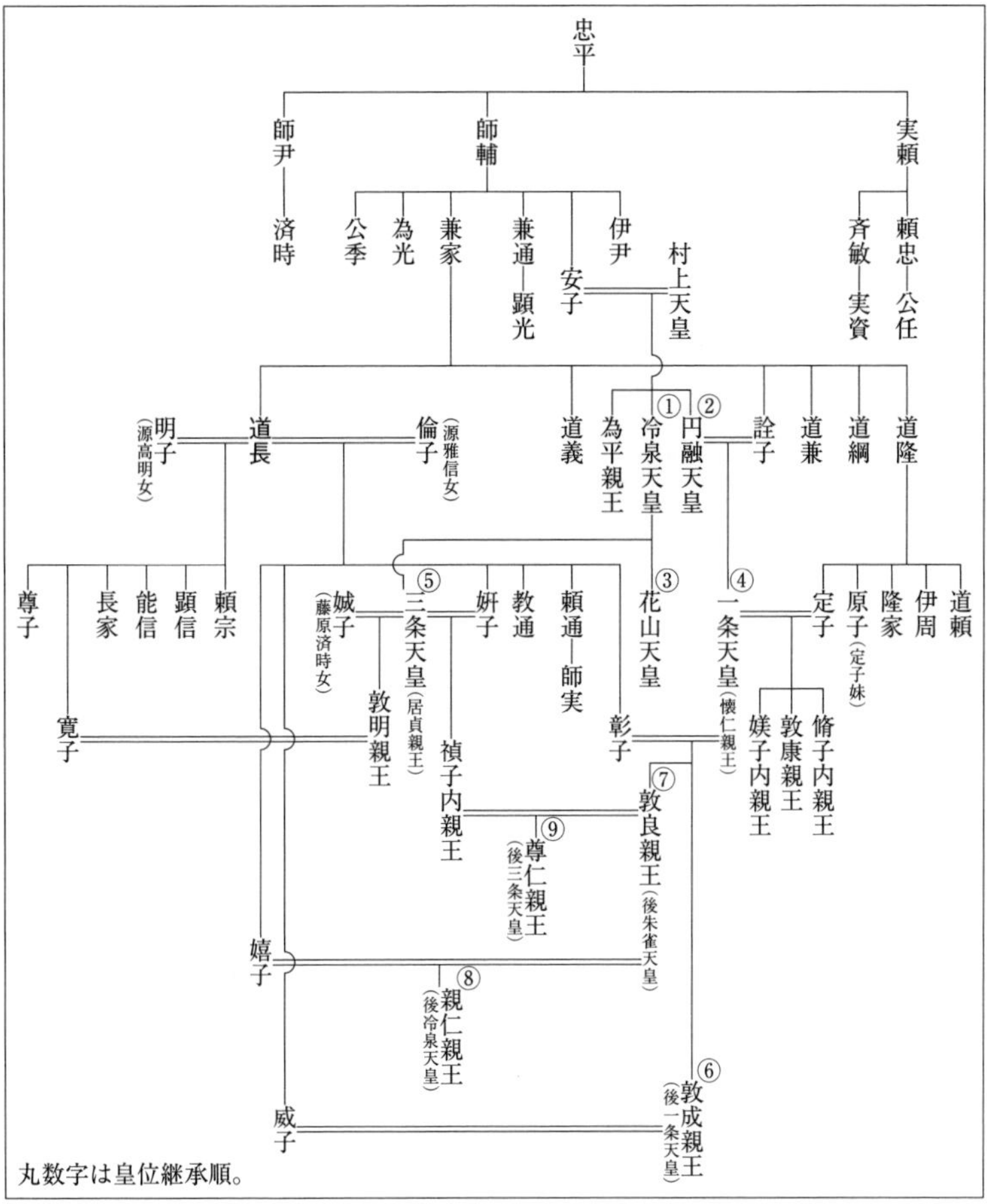

**藤原道長関係系図**（大津透・池田尚隆編『藤原道長事典』より作成・加筆）

子孫を小野宮流という)。この冷泉天皇のもとで頭角をあらわしたのが、亡き師輔の三男兼家である。蔵人頭《くろうどのとう》で左中将《さちゅうじょう》だったが、安和《あんな》二(九六九)年に中納言《ちゅうなごん》となっても蔵人頭をかねるという異例の処遇だった。この年、左大臣源高明《みなもとのたかあきら》▲が謀叛《むほん》の罪に問われ、左遷される安和の変《へん》が起きたが、兼家や兄の伊尹《これまさ》らによる陰謀であると考えられる。その後、円融天皇が一一歳で即位すると、実頼の死を受けて師輔長男の伊尹が摂政となり、その後次男の兼通《かねみち》が関白の詔《みことのり》を受けた。兼通は弟の兼家と不仲だったため、病が重くなると関白を左大臣藤原頼忠《よりただ》(実頼男)に譲った。兼家は大納言《だいなごん》だったが、次の花山《かざん》天皇の代まで、不遇を強いられることになった。

　寛和《かんな》二(九八六)年、みずから出家を望んだ花山天皇を、兼家は策を用いて退位させ、兼家の二女詮子が生んだ皇太子懐仁《かねひと》親王が七歳で践祚し、一条《いちじょう》天皇となり、皇太子には冷泉と娘超子のあいだに生まれた居貞《いやさだ》親王がついた。兼家は天皇と皇太子の外祖父となり、摂政の地位に就いた。しかし兼家は右大臣だったが、太政大臣頼忠、左大臣源雅信《まさのぶ》のポストはあいていなかったので、みずから右大臣を辞任して大臣の序列から離れ、皇后の待遇に准ずる「准三宮《じゅさんぐう》」▲の詔

▼**源高明**　九一四〜九八二。醍《だい》醐《ご》天皇皇子、延喜《えんぎ》二十(九二〇)年に臣籍降下《しんせきこうか》。天慶《てんぎょう》二(九三九)年に参議、安和二(九六六)年右大臣、康保四(九六七)年左大臣となるが、安和二年安和の変で大宰権帥に左遷された。天禄三(九七二)年に帰京。学問を好み、朝儀《ちょうぎ》に通じ、『西宮記《さいきゅうき》』を編纂した。

▼**准三宮**　三宮(太皇太后・皇太后・皇后)に准じて年官《ねんかん》・年《ねん》爵《しゃく》・封戸《ふこ》などを賜い、経済的待遇をあたえること。摂関では貞観《じょうがん》十三(八七一)年に清和《せいわ》天皇が外祖父の良房《よしふさ》に賜ったのが初例である。親王では寛弘八(一〇一一)年に敦康《あつやす》親王に賜ったのが唯一の例。

と、座を三公《さんこう》の上に位置づける「一座《いちざ》の宣旨《せんじ》▲」を受けて、摂政を独立した地位とした。

それまで摂政・関白は、大臣(とくに太政大臣)を本官とするポストだったが、律令《りつりょう》官職を超越した地位となり、のちまで「寛和の例」として規範とされることになる。また摂関《せっかん》と太政大臣とが分離したことも大きな変化である。ただし兼家も、永祚《えいそ》元(九八九)年に頼忠が没すると太政大臣のポストに就いている。

道長は、円融天皇の天元《てんげん》三(九八〇)年に一五歳で従五位下《じゅごいげ》となり、三年後に侍従《じじゅう》となっていたが、一条天皇が即位した寛和二年、二一歳で、昇殿が許され、蔵人、従五位上《じょう》、少納言《しょうなごん》、左少将と一年のうちに官を進め、位も従四位下《じゅしいげ》となった。若い頃の道長を伝える史料は少ないが、『大鏡《おおかがみ》▲』には次のエピソードを伝える。父兼家が、頼忠の息の公任《きんとう》が何事にも優れているのをみて、「わが子どもの、影だにも踏むべきもあらぬこそ口惜しけれ」となげいたのに対し、道隆と道兼は恥じ入って黙っていたが、「この入道殿《にゅうどう》(道長)は、いと若くおはします御身にて、『影をば踏まで、面《つら》をや踏まぬ』とこそ仰せられけれ」と、道長が面を踏んでやると言い放ったと、その豪胆さを伝える。

▼**一座の宣旨**　摂政・関白は本官として大臣をおびているが、必ずしも最上位とは限らないので、その場合三公(太政大臣・左右大臣)の上の最上座に着くべき宣旨がくだされた。寛和二(九八六)年に兼家に宣下《せんげ》されたのが初例。

▼**『大鏡』**　平安時代後期の紀伝《きでん》体《たい》による歴史物語。文徳《もんとく》天皇以降、後一条天皇まで、大臣列伝は藤原冬嗣《ふゆつぐ》から道長までをおさめる。作者は不明だが、院政《いんせい》期に入って堀《ほり》河《かわ》から鳥羽《とば》天皇の頃の作成と考えられる。道長の人物描写に活気がある。

兼家は、不遇の時代を取り戻そうと、みずからの一族の官位を強引に引き上げた。円融の女御詮子を一条の生母として皇太后《こうたいごう》に引き上げ、長男道隆も一条即位直後に権《ごん》大納言、正二位《しょうにい》へと例をみない昇進が行われた。もっとも得をしたのが五男の道長であり、永延《えいえん》二(九八八)年には参議《さんぎ》をへず権中納言に昇進した。わずか二三歳で公卿になったのは、先例もない若さだった。

## 道長の結婚と土御門第

兼家が摂政となった翌年、永延元(九八七)年十二月、道長は二二歳で、左大臣源雅信▲の娘倫子《りんし》、二四歳と結婚した。

道長の求婚に対し、父の雅信は、やがては「后《きさき》がね」(将来の后)にと大切に育ててきたのに、どうしてこんな若僧にと、「あなもの狂ほし」と反対したという。ところが倫子の母藤原穆子《ぼくし》(中納言朝忠《ともただ》女)は、ときどき賀茂祭や行列などの見物で道長をみて、「この君ただならず見ゆる君なり」と将来性を見抜き、夫の雅信を説き伏せて結婚を実現させた。新帝も東宮《とうぐう》も年若く、しかるべき公卿もいない状況で、穆子はまだ若い三位中将を支度を整えて婿取りし、重々しくもて

▼**源雅信**　九二〇〜九九三。父は宇多《うだ》天皇皇子敦実《あつみ》親王、母は藤原時平《ときひら》女。天暦五(九五一)年参議、貞元《じょうげん》二(九七七)年右大臣、翌年左大臣。一条左大臣と号し、名臣《めいしん》の聞こえたかく、音楽にも堪能だった。女倫子は藤原道長に嫁した。

なしたことを『栄花物語《えいがものがたり》』「さまざまのよろこび」が伝えている。
当時は婿入婚《むこいりこん》であるので、道長は妻倫子が両親とともに住んでいる土御門第《つちみかどてい》にかよったが、翌年に長女彰子《しょうし》が誕生した頃から、土御門第に移り住んだらしい。道長夫妻はこの家を中心にともに生活することになる。源雅信から邸宅の土御門第も譲られたのである。

彰子が生まれる頃、道長は源明子《めいし》のもとにかよい、結婚した。明子は、源高明の娘だが、安和の変で大宰権帥《だざいのごんのそち》に左遷されたあと、高明の弟の盛明《もりあき》親王に引きとられ、ついで藤原詮子▲に引きとられ女房などもつけて大切に育てられていた。道隆など求婚する者が多かったが、詮子は道長だけを許したと『栄花物語』『大鏡』は伝える。

『大鏡』に「この殿は、北の方二所《ふたところ》おはします」とあり、この時期一夫多妻の例が多いことから、道長の妻は二人だったとこれまで考えられてきた。しかし、摂関期には正妻とそれ以外の妻という社会的地位の差があり、倫子が正妻であることを梅村恵子が明らかにした。明子は、出自は左大臣源高明の娘と高いものの、有力な保護者を失った娘が、権力者東三条院《ひがしさんじょういん》詮子のもとへ女房、特別

▼**藤原詮子**　九六二〜一〇〇一。藤原兼家女、道長の同母姉。円融天皇女御、一条天皇の生母。寛和二(九八六)年一条即位により母儀として皇太后となる。正暦二(九九一)年病で出家すると、東三条院の院号を宣下され、女院の制を開いた。

扱いの女房として仕えていて、それが道長に配されたというのが真実に近いようである。

倫子には、長女彰子、正暦《しょうりゃく》三(九九二)年に長男頼通《よりみち》が生まれ、以下次女妍《けん》子《し》、次男教通《のりみち》、三女威子《いし》、四女嬉子《きし》と、つぎつぎと子どもが生まれた。一方の明子にも、頼通と同年に頼宗《よりむね》以下、顕信《あきのぶ》、能信《よしのぶ》、長家《ながいえ》の四人の男子、寛子《かんし》と尊《そん》子《し》の二人の女子が生まれている。しかし頼通と教通は元服《げんぷく》と同時に正五位下に叙されたが、明子腹の四人は従五位上に叙されて出身し、昇進のスピードも違う。これは能力の差ではなく、母親の正妻と妾妻という地位の差によるのであり、頼通と教通だけが後継として摂関になったのは理由があったのである。なお道長の母時姫も、兼家の正妻と考えられ、時姫を母とする道隆・道兼・道長と、それ以外の男子とのあいだには明確な差があった。道長の女子についても、倫子腹の彰子以下が順に一条、三条、後一条《ごいちじょう》、敦良《あつなが》親王(のちの後朱雀《ごすざく》)へ入内《じゅだい》し、天皇に配されたのに対し、明子所生の寛子は東宮を辞退した小一条院敦《あつ》明《あきら》親王と、尊子は源師房《もろふさ》▲と結婚するように、明らかな差があった。

源倫子は、夫道長に付き従っていることが『御堂関白記《みどうかんぱくき》』にしばしばみえる。

▼**源師房**　一〇〇八～七七。父は村上天皇皇子具平《ともひら》親王。姉の隆《たか》姫女王が頼通室《しつ》となったため頼通の猶子《ゆうし》として育てられた。寛仁四(一〇二〇)年源姓を賜り、従一位右大臣にまでのぼる。土御門右大臣と称され、村上源氏の祖。日記『土右記《どゆうき》』がごく一部残る。

そこでは「女方《にょうぼう》」「女房」と記され、ほぼ倫子をさしている。妻の意で「女方」を用いた例はそれ以前にも散見されるが、道長の用例はきわめて多く、今日の妻を呼ぶ「女房」の用例の先蹤《せんしょう》となっている。倫子は道長と喜怒哀楽をともにし、その一生を支えたのである。

源雅信より伝領した土御門第（土御門殿、上東門第）は、当初左京一条四坊一六町のみだったが、南の一町を買いとって、長保《ちょうほ》元（九九九）年には馬場と馬場殿を新造し、二町となった。翌年の彰子の立后《りっこう》に際しては、寝殿《しんでん》が本宮《ほんぐう》の儀の場として用いられ、彰子の里御所《さとのごしょ》に用いられた。のちの彰子の女院号《にょいんごう》、上東門院《じょうとうもんいん》はこの第名によっており、寛弘《かんこう》五（一〇〇八）年に道長待望の外孫敦成《あつひら》（のちの後一条）が生まれたのもこの邸宅であり、『紫式部日記《むらさきしきぶにっき》』▲の描写が有名である。

秋のけはひ入り立つままに、土御門殿のありさま、いはむかたなくをかし。池のわたりのこずゑども、遣水《やりみず》のほとりの叢《くさむら》、おのがじし色づきわたりつつ、おほかたの空も艶なるにもてはやされて、不断の御読経《どきょう》の声々、あはれまさりけり。やうやう涼しき風のけはひに、例の絶えせぬ水のおとなひ、夜もすがら聞きまがはさる。

▼**『紫式部日記』**　紫式部による仮名《かな》日記。寛弘五（一〇〇八）年初秋から同七（一〇一〇）年にわたるが、同五年九月の土御門第での敦成親王誕生記が全体の三分の二におよぶ。消息体《しょうそこ》と呼ばれる部分は彰子や女房の評判、清少納言への酷評を記すが、娘賢子《けんし》に書いた消息がのちに竄入《ざんにゅう》したものらしい。『新潮日本古典集成』所収。

中宮彰子は出産をひかえて土御門第に退出し、女房として仕える紫式部も付き従った。安産を祈る読経の声と南庭の池に流れ込む遣水のせせらぎがまざりあう、初秋の土御門殿の美しい情景を描いている。九月の敦成誕生とそのあとの産養《うぶやしない》▲、十月十六日の一条天皇の行幸《ぎょうこう》が日記の中心であり、舞台は土御門第だった。

この敦成が長和《ちょうわ》五(一〇一六)年正月に後一条天皇として即位したのもこの邸宅である。寛仁《かんにん》二(一〇一八)年十月十六日、道長三女の威子が後一条天皇の中《ちゅう》宮《ぐう》となり、本宮の儀が行われたのも、火災による焼失を受けて新造がなったばかりの土御門第だった。三后《さんこう》並立となり、いわゆる望月《もちづき》の歌(後掲)を、道長が酒に酔ってよんだのはこの時である(『小右記《しょうゆうき》』▲)。その六日後には、天皇および三后(彰子・妍子・威子)が土御門第に行幸・行啓《ぎょうけい》し、道長は「言語に尽くし難し、未曽有の事なり」と感激している(『御堂関白記』)。

土御門第の跡は、現在の大宮《おおみや》御所《ごしょ》・仙洞《せんとう》御所の北側にあたる。平成三十(二〇一八)年十月二十四日に、望月の歌からちょうど一〇〇〇年の満月にあたるとして、京都府立文化芸術会館で講演会を行い、夕方に御所まで歩いて、東山

▼**産養**　生まれた日から数えて三・五・七・九日目の夜に、母方と父方が交互に主催して行う祝いの饗宴。寛弘六(一〇〇九)年の敦良親王誕生の例では、中宮職、道長、一条天皇、頼通の順に主催したことがわかる。

▼**『小右記』**　小野宮右大臣藤原実資の日記。祖父実頼の養子となり小野宮流を継承し、儀式政務に精通していた。天元五(九八二)年から長元《ちょうげん》五(一〇三二)年が現存。記事は詳細で、藤原道長への批判も多く記され、摂関期の基本史料である。『大日本古《だいにほんこ》記録《きろく》』所収。

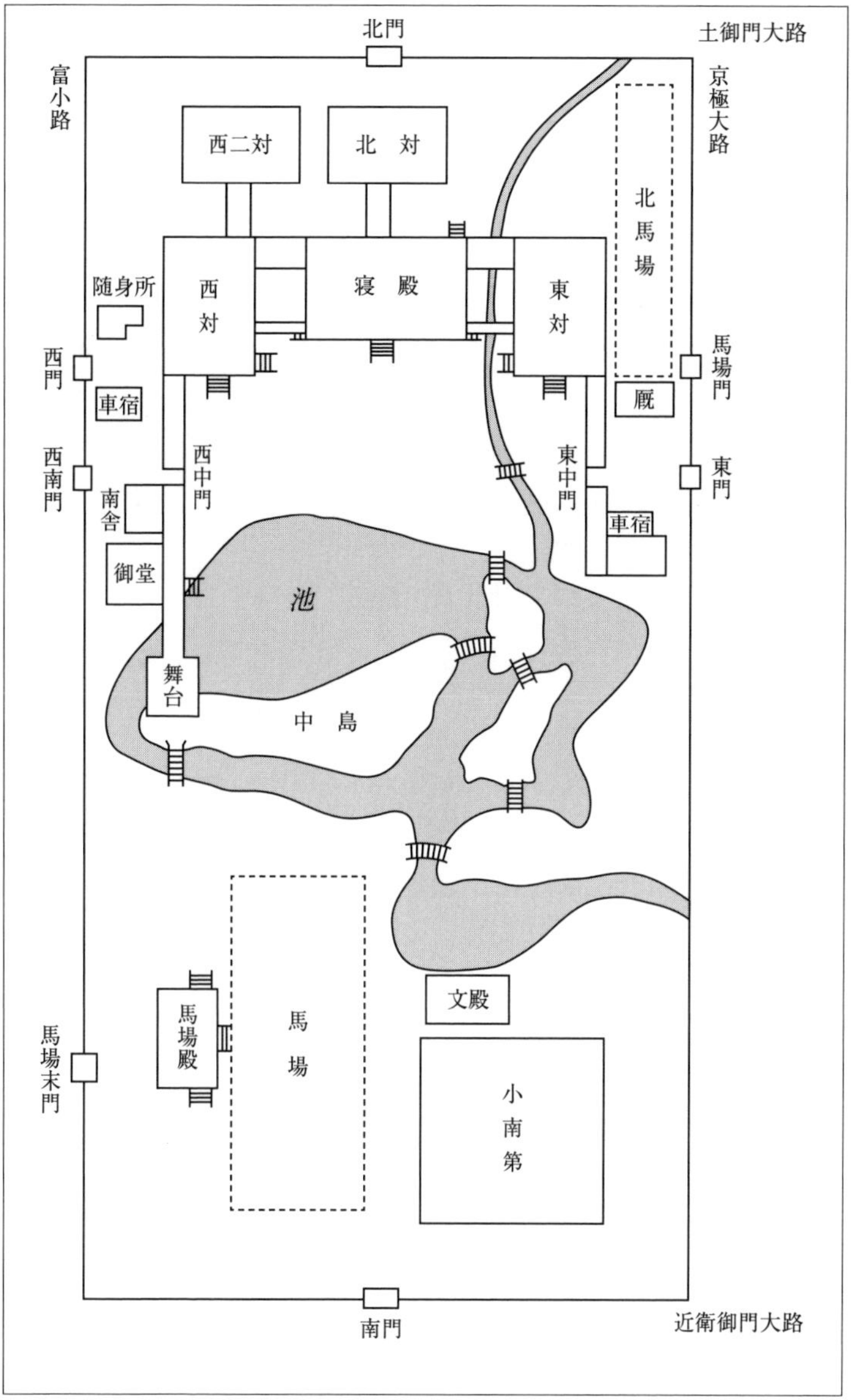


**土御門第想定図**（山本利達校注『紫式部日記　紫式部集』による）

からのぼる満月を鑑賞するという催しがなされた。

## 中関白家の繁栄

兼家は摂政なので内裏《だいり》の自分の宿所である直廬《じきろ》で除目《じもく》・叙位《じょい》を行い、人事権をもっていたので、それを利用して一族の官位《かんい》を引き上げたのである。とはいえ、永祚元(九八九)年に、長男道隆▲を内大臣に任じるにあたっては、二、三年前から左大臣源雅信が円融法皇《ほうおう》に任大臣を奏上《そうじょう》してきたが承認がえられず、今回兼家が自分は高齢で朝夕もあぶないので近習《きんじゅう》の臣《しん》を大臣とすべきだと奏上し、円融が了承したことが『小右記』にみえている。一条の父院の円融の了承を取りつけるという形で、朝廷の合意形成がなされていたのである。

翌正暦元(九九〇)年正月、一条天皇▲が一一歳で元服式を行った。加冠《かかん》は太政大臣がつとめる重要な役とされ、前年に太政大臣となった兼家がつとめた。ついで内大臣道隆の娘の定子《ていし》▲が入内し女御となり、五月に兼家は病のために摂政太政大臣を辞し、関白となると、すぐに道隆に関白を譲り(摂政となる)、道隆の政権が成立した(七月に兼家は六二歳で没した)。

▼**藤原道隆**　九五三〜九九五。兼家の長男。永観《えいかん》二(九八四)年兼家外孫の立太子《りったいし》により従三位《じゅさんみ》春宮《とうぐう》権大夫となり、寛和二(九八六)年兼家が摂政となるや一カ月のうちに権大納言に進み、正暦元(九九〇)年、父の没後摂政、関白となる。娘の定子を皇后に立て、中関白家全盛を謳歌したが、酒好きで病に倒れた。

▼**一条天皇**　九八〇〜一〇一一。円融天皇第一皇子、母藤原詮子。諱《いみな》は懐仁《かねひと》。永観二(九八四)年東宮となり、寛和二(九八六)年七歳で即位した。寛弘八(一〇一一)年に譲位後、崩御《ほうぎょ》。英明な君主で、学才もあり、人材にめぐまれ「寛弘の佳例」など後世範とされた。

▼**藤原定子**　九七六〜一〇〇〇。摂政道隆女。正暦元(九九〇)年に一条天皇に入内、中宮となり、寵愛を受けた。母高階貴子が学者の家の出身で、みずから漢才に富み、

独自の後宮文化を生んだ。長保元（九九九）年に敦康親王を出産したが、翌年没した。

▼**藤原伊周**　九七四～一〇一〇。摂政道隆の男。正暦五（九九四）年内大臣となり、翌年父関白の没後、後継を求めたが許されず、道長が政権をとる。長徳《ちょうとく》二（九九六）年に大宰権帥として配流《はいる》、翌年入京を許された。才学に富み、漢詩の才能は比類なかった。

道隆は十月には女御定子を中宮とした（一五歳）。この時皇后に頼忠女の遵子《じゅんし》（円融后）、皇太后には詮子、太皇太后《たいこうたいごう》には昌子《しょうし》内親王（冷泉后）と三后は埋まっていた。遵子の皇后号はそのままにして中宮職を皇后宮職と改め、定子中宮に仕える役所を中宮職とし、四后が並立するというかなりの無理をした。藤原実《さね》資《すけ》は「皇后四人の例、往古聞かざる事なり」と批判している（『小右記』）。

翌正暦二（九九一）年二月に天皇を支えた父円融法皇が没し、さらに半年余りあとに皇太后詮子は出家した。ここで出家後の処遇が問題になり、皇太后宮職をとどめ、東三条院として、太上《たいじょう》天皇の例にならった女院の制がつくられたのである。円融法皇の家父長《かふちょう》としての権威を継承したものだろう。摂政道隆は、近親である一条天皇の妻と母の権威を制度的に高めることにより権力の基盤を固めたのである。

道隆は中《なかの》関白というが、この年内大臣を辞して父と同じく摂政のみとなり、正暦四（九九三）年には一条天皇が一四歳となったことでふたたび関白となり、中関白家の絶頂期を迎えた。道隆は父の政治手法を継承し、一家の子弟の官位を引き上げた。次男伊周《これちか》▲は、正暦二年に正四位下参議として公卿となり、昇進を重ね、同五(九九四)年には内大臣となり、先例もないわずか二一歳の大臣が生まれた。この時に先任の権大納言道長を抜くことになり、こののちの対立の始まりとなったのである。さらに、伊周の兄道頼《みちより》、弟隆家《たかいえ》も公卿にのぼり、さらに道隆の義父の高階成忠《たかしなのしげただ》▲は孫の定子が中宮に冊立されたことにより従二位に叙せられた。

中関白家の繁栄と中宮定子の後宮《こうきゅう》を美しく回想したのが、女房として定子に仕えた清少納言《せいしょうなごん》▲の記した『枕草子《まくらのそうし》』である。『枕草子』は、(1)「すさまじきの」「山は」などの類聚《るいじゅう》的な章段、(2)「春はあけぼの」に代表される随想的な章段、(3)定子の周辺の社会を描いた日記的な章段、に分けられる。このうち(3)では道隆政権下の絶頂と道隆死後の悲劇を、意識的に明るく輝かしく描いたところに特徴がある。

『枕草子』「頭弁の、職に参りたまひて」には定子のもとを訪れた蔵人頭▲藤原行成《ゆきなり》▲と清少納言の機智に富んだやりとりを伝える。行成が夜ふけて退出したことを鶏《にわとり》の声のせいにしたのに対して、『史記《しき》』の故事(孟嘗君《もうしょうくん》が従者に鶏の鳴きまねをさせて函谷関《かんこくかん》をあけさせた)をふまえ清少納言は「孟嘗君のにゃ」と突っこみを

▼**高階成忠**　九二三〜九九八。宮内卿《くないきょう》良臣《よしおみ》男。一条天皇の東宮学士《がくし》をつとめた功により、寛和二(九八六)年従三位となり、正暦二(九九一)年中宮定子の外祖父をもって従二位となる。当代の碩学として繁栄したが、中関白家没落にあい失意のうちに逝去した。

▼**清少納言**　生没年未詳。『枕草子』の作者。父清原元輔《きよはらのもとすけ》は著名な歌人。正暦四(九九三)年に中宮定子に女房として仕えはじめ、漢籍の素養をもって公卿や殿上人《てんじょうびと》と軽妙な応答をした。定子死去までは宮仕えを続けたらしい。

▼**蔵人頭**　天皇の身辺の世話をはじめ勅命《ちょくめい》の伝達、奏上の取次ぎなどにあたる蔵人所の長官。殿上人・蔵人を指揮して諸事にあたった。定員二人で、近衛《このえ》中将や弁官《べんかん》をかねることが多く、頭《とうの》中将、頭《とう》弁《べん》と呼ばれる。天皇の代替わりで交替し、公卿候補生である。家柄だけでなく、能力も必要とされた。

入れた。それに対して行成は、孟嘗君の鶏は函谷関を開いたが、これは私とあなたのあう「逢坂《おうさか》の関《せき》なり」と後朝《きぬぎぬ》めかせた返事をし、それに対して「夜をこめて鶏のそら音ははかるとも　世に逢坂の関はゆるさじ」（夜通し鶏のうそ鳴きでだまそうたって、けっして一線を越えることにはなりません）と切り返したのである。百人一首にとられた清少納言の代表作であるが、行成と清少納言の漢詩文の素養をふまえたやりとりは、定子後宮の達成した文化レヴェルを示している。

　定子のもとに、才媛が女房として集められ、機知に富んだ応対を行い、『枕草子』「雪のいと高う降りたるを、▲例ならず御格子《みこうし》まゐりて」にみえるような、漢才を特徴とする独自の後宮文化がつくられた。それを代表するのが清少納言だが、定子自身も、祖父高階成忠が高名な学者で、母（道隆の正妻）貴子《きし》▲もその学才がうたわれ（『栄花物語』「さまざまのよろこび」）、聡明で漢学の素養が高かったのである。ちなみに定子の立后にあたり、中宮大夫になったのは道長であり、近くで定子の後宮をみていたはずである（もっとも『栄花物語』は、道長は中宮のもとに参上しなかったと記しているが）。

**▼藤原行成**　二八ページ参照。

**▼「雪のいと高う降りたるを」**
雪が深く積もった日、定子から「香炉峰《こうろほう》の雪はどんなであろうか」と下問《かもん》があり、清少納言が御簾《みす》を高くあげたので、みなに賞賛されたという『枕草子』の段。『白氏文《はくしもん》集《じゅう》』の「香炉峰の雪は簾をかかげて看る」をふまえ、実践したのである。

**▼高階貴子**　?～九九六。従二位成忠女。円融天皇掌侍《しょうじ》であったことから高内侍《こうのないし》とも。娘の定子の中宮冊立《さくりつ》により正三位となる。女性ながら漢詩の技量は並みの男性を超えた。伊周の母として「儀同三司《ぎどうさんし》の母」と称され、『百人一《ひゃくにんいっ》首《しゅ》』の和歌《わか》は人口に膾炙する。

# ②——道長と一条天皇

## 詮子の後押し

長徳《ちょうとく》元（九九五）年に疫病が流行し、空前の猛威をふるった。「赤斑瘡《あかもがさ》」と呼ばれるので麻疹《はしか》だとする説があり、かつてそう記したが、どうも痘瘡《とうそう》（天然痘）だったようである。

この春から藤原道隆《みちたか》は体調が優れず、三月に危篤となると、道隆は内大臣藤原伊周《これちか》を後任とし、関白《かんぱく》の職を代行させるように、一条《いちじょう》天皇に要請した。それを受けて蔵人頭《くろうどのとう》は、関白が病のあいだ、文書や宣旨《せんじ》はまず関白にふれ、ついで内大臣にふれ、奏聞《そうもん》せよとの勅命《ちょくめい》を伊周に伝えた。伊周は聞いているところと違うと反論したが、「病ひの間」の内覧《ないらん》が認められただけだった。四月に道隆は関白を辞し随身《ずいじん》を返上し、関白を伊周に譲りたいと奏請したが、一条天皇はこれを許さなかった。「気色不快」（『小右記《しょうゆうき》』）と伝えるが、この時一六歳、英明な君主であった。

かくて道隆は四月十日に没した。四三歳、アルコール中毒による糖尿病だったらしい。二十七日に「関白万機」の詔《みことのり》が、弟の右大臣道兼《みちかね》▲にくだされた。道兼は、花山《かざん》天皇退位劇の立役者であり、兼家《かねいえ》の後継は自分だと自負していた。伊周は内覧の任を解かれ、なげき落胆したことはいうまでもない。この日、二十三日に疫病で亡くなった大納言《だいなごん》藤原済時《なりとき》のかわりに、道長が左近衛《さこのえ》大将に任じられたが、道兼の意向であろう。

ところが、道兼は疫病に倒れて、五月八日に死去した。関白の慶び申しに参《さん》内《だい》してから七日で没したので「七日関白」といわれた。この「大疫癘」は四、五月に流行がすさまじく、七月に落ち着いたが、四位・五位も多く死亡し、公卿《くぎょう》も大納言藤原朝光《ともみつ》・済時、さらに左大臣源重信《みなもとのしげのぶ》も倒れ、年頭に一四人いた中《ちゅう》納言《なごん》以上のうち八人がこの年病死した。奈良時代天平《てんぴょう》九(七三七)年以来の天然痘の大流行であった。かくして生き残った内大臣伊周二二歳と権《ごん》大納言道長三〇歳の二人が太政官《だいじょうかん》のトップであり、必然的に正面対決することになった。

一条天皇は、どちらに政治を任せるか迷い、権大納言に内覧宣旨を出すことをためらっていたが、ここで強力に道長を推したのが、国母《こくも》で女院《にょいん》となっていた姉の詮子《せんし》である。『大鏡《おおかがみ》』によれば、詮子のほうから天皇の寝所《しんじょ》(夜の御殿《おとど》)に

▼**藤原道兼**　九六一〜九九五。藤原兼家《かねいえ》の四男。花山天皇に蔵人として仕え、寛和《かんな》二(九八六)年に天皇を内裏から連れだして出家させた。長徳元(九九五)年兄道隆没後、待望の関白となるが、すぐに疫病で亡くなる。「七日関白」といわれた。

まで押しかけ、泣きながら膝詰めで説得したという。五月十一日に道長に「官中の雑事、堀川《ほりかわ》大臣の例に准じて行ふべし」という内覧宣旨がくだされた(『小右記』、藤原実資《さねすけ》は「関白詔」がくだったというので問い合わせ、蔵人頭から内覧宣旨であると伝えられた)。内覧とは天皇の奏上《そうじょう》・宣下《せんげ》にさきだって文書に目をとおすことで、関白の職掌の中核であり、天禄《てんろく》三(九七二)年に摂政《せっしょう》伊尹《これまさ》の死去後、大納言兼通《かねみち》(堀川大臣)にくだされた例により命じられたのである。六月には内覧の道長は右大臣に進み、伊周を超えて筆頭大臣の地位に就いた。

道長は、取り立ててくれた姉の詮子に深く恩義を感じていたようで、長保《ちょうほ》三(一〇〇一)年十月には詮子の四十の算賀《さんが》を盛大に行い、その年閏《うるう》十二月二十二日に亡くなると、その命日に結願《けちがん》するように法華八講《ほっけはっこう》が慈徳寺《じとくじ》で営まれ、道長はほぼ毎年参入している。

伊周はかなりの才能もあり、とくに漢詩の才能は比類ないが、強引すぎ、派手で、天皇の印象も含め、藤原実資や対応にあたった蔵人頭の藤原斉信《ただのぶ》・源俊賢《としかた》などの貴族《きぞく》層に悪印象をあたえたのだろう。伊周は権力を継承するつもりだったから、これでおさまるはずもない。七月二十四日、「仗座《じょうのざ》」(公卿の控え室、陣座《じんのざ》)で右大臣と内大臣がつかみあいになりかねないような口論があった(『小右記』)。この頃高階成忠《たかしなのしげただ》の家に、道長を呪詛《じゅそ》する陰陽師《おんみょうじ》・法師《ほうし》がいて、伊周のしわざとする噂《うわさ》があった。

## 伊周の没落

長徳二(九九六)年正月、伊周と弟隆家《たかいえ》が花山法皇《ほうおう》▲に矢を射るという事件が起きる。『小右記』が記す道長の書状には、法皇と伊周・隆家が故太政《だいじょう》大臣藤原為光《ためみつ》邸ではち合わせして、隆家の従者《じゅうしゃ》が院《いん》の御童子《おんどうし》二人を殺害して首を持ち去ったとあり、その乱闘のなかで法皇の輿《こし》に矢が放たれたのだろう。『栄花物語《えいがものがたり》』には、伊周と花山院が故為光の三の君と四の君をめぐって誤解し、法皇に矢を射かけたとする話を載せ、有名であるが、それには潤色があるだろうと倉本一宏が述べている(『藤原伊周・隆家』)。

一条天皇の対応は早く、二月に検非違使《けびいし》に命じて、伊周の家司《けいし》の宅を捜索させた。検非違使別当《べっとう》は、謹直な藤原実資だった。さらに陣座にいた公卿たちに、蔵人頭から「伊周・隆家の罪名を勘《かんが》へよ」との勅命が伝えられ、明法博士《みょうぼうはかせ》に罪名

▼**花山法皇**　九六八〜一〇〇八。冷泉天皇第一皇子、母は藤原伊尹女の懐子《かいし》、諱《いみな》は師貞《もろさだ》。永観《えいかん》二(九八四)年に即位したが、有力な後《うしろ》見《み》はなく、寛和二(九八六)年兼家の策動により花山寺に入って出家した。その後書写山《しょしゃざん》の性空《しょうくう》のもとで仏道に励み、和歌《わか》などで才能を発揮した。『拾遺和歌集《しゅういわかしゅう》』の撰者。

を勘申《かんしん》させた。罪名定《ざいめいさだめ》と呼ばれる、陣定《じんのさだめ》による刑事裁判の手続きに入ったので、満座の公卿は「傾嗟《けいさ》▲」した。

三月には詮子の病悩が、ある人の呪詛のためとされ、厭物《ようもつ》（人形のようなもの）が掘りだされた。四月初めに伏見《ふしみ》の法琳寺《ほうりんじ》から伊周が私《わたくし》に太元帥法《たいげんのほう》▲を修したことも報告された。かくて四月二十四日、道長が天皇御前で除目《じもく》を行い、伊周を大宰権帥《だざいのごんのそち》に、隆家を出雲権守《いずものごんのかみ》に、また高階信順《さねのぶ》・道順《みちのぶ》（成忠の子）も伊《い》豆《ず》・淡路《あわじ》の権守に左遷し、配流《はいる》の宣命《せんみょう》がつくられた。そこに載せる罪名は花山法皇を射たこと、女院を呪詛したこと、私に太元帥法を行ったことであった。太上《だいじょう》天皇も女院も天皇に准ずるので八虐《はちぎゃく》▲の謀反《むほん》にあたり、死刑が勘申され、それを天皇が罪一等減じて遠流《おんる》とされたのだろう。伊周の自滅であった。

伊周は中宮御所《ちゅうぐうごしょ》にこもり、重病で配所《はいしょ》にいけないと答えたが、天皇は許さず、早く追いくだせと命じた。五月一日に宣旨をくだし検非違使が中宮御所に強行突入し、隆家は捕えられ、伊周は逃げたが、結局西へ向かった。中宮定子《ていし》はその恥辱と悲嘆から髪を切って出家してしまうが、その後の皇位継承への伏線となる。

▼**傾嗟**　惑いなげく。

▼**太元帥法**　常暁《じょうぎょう》により唐《とう》から請来《しょうらい》された真言密教《しんごんみっきょう》の修法《しゅほう》。毎年正月八日から十四日まで宮中《きゅうちゅう》で国家鎮護《ちんご》のために修され、常暁が太元帥像を安置した山城《やましろ》国法琳寺でも行われた。臣下《しんか》が修することは許されなかった。

▼**八虐**　律《りつ》でもっとも重い犯罪とされた八刑目。国家や儒教《じゅきょう》倫理に背くもので、謀反・謀大逆・謀叛・悪逆・不道・大不敬・不孝・不義。これらは皇族や高位の貴族であっても、減免されない。

なお伊周も隆家も病と称して配所に赴かず、五月にそれぞれ播磨国《はりまのくに》と但馬《たじま》国に安置することが認められた。しかし十月に伊周がひそかに上京し、中宮の御《ご》在所《ざいしょ》に隠れているという報がもたらされ、伊周と高階信順・道順はそれぞれ配所に追却された。藤原実資は「積悪の家、天譴を被むるか」(『小右記』十月十一日条)と厳しい伊周への評価を記している。

かくてこの年七月二十日、道長は左大臣に任じられ、正二位に叙せられ、任大臣大饗《たいきょう》を行った。右大臣には藤原顕光《あきみつ》▲が任じられた。道長は朝廷第一の座に就き、このあと長く安定した政権を続けた。翌長徳三(九九七)年には、藤原公《きん》季《すえ》▲が内大臣に任じられ、この三人の大臣の体制が長く続く。

## 定子と彰子の入内

定子にはなお悲劇が続き、六月に中宮御所二条《にじょう》邸が全焼し、高階明順《あきのぶ》宅へ、その後平惟仲《たいらのこれなか》の邸宅へ移った。この時妊娠しており、十二月に女子、脩子内《しゅうしない》親王《しんのう》を出産した。一条天皇ははじめての子であり、内親王に会いたがった。

翌長徳三(九九七)年三月には、詮子病悩の平復《へいふく》を祈って大赦《たいしゃ》が出され、四月

▼**藤原顕光**　九四四〜一〇二一。関白兼通《かねみち》男。村上《むらかみ》皇女盛子《せいし》内親王を室《しつ》とし、娘に一条天皇女御元子、小《こ》一条院女御延子《えんし》。天延《てんえん》三(九七五)年参議《さんぎ》、長徳二(九九六)年右大臣にのぼり、寛仁《かんにん》元(一〇一七)年左大臣。道長政権下の大臣だが、政務などの能力が低かった。のちに怨霊《おんりょう》となり道長一族に祟った。

▼**藤原公季**　九五七〜一〇二九。藤原師輔《もろすけ》男。母は醍醐《だいご》皇女康子《こうし》内親王だが、生後すぐ亡くなり、宮中で育てられた。長徳三(九九七)年内大臣、治安《ちあん》元(一〇二一)年太政大臣に昇任し、没するまで長い期間大臣をつとめた。道長の叔父にあたり、「一家の長」と評された。

五日に陣定が開かれ、伊周・隆家にこの赦《しゃ》を適用すべきか、その場合召還すべきかを定め申せとの議題が天皇から示された。道長以下一一人の公卿が意見を述べ、召還についてはいくつかの意見に分かれたが、勅定《ちょくじょう》によるべきとの意見が最多の四人だった。道長が陣定での意見を奏上し、最終的には勅定によって罪を赦し、召還することに決まった。

これを受け、六月に定子は脩子をともない参内《さんだい》し、職曹司《しきのぞうし》(中宮職の建物、内《だい》裏《り》の東北にあたる)に入った。天皇の寵愛はなお定子にあった。一方で出家した身でありながら後宮《こうきゅう》に入ったことには、「天下、甘心せず」とあるように貴族《きぞく》社会には批判があった。定子の出家を受けて、一条の後宮には、藤原公季の娘の義子《ぎし》、藤原顕光の娘の元子《げんし》などが入内《じゅだい》し、女御《にょうご》となっていた。この頃元子に対する寵愛も続き、懐妊したとされる。

長徳四(九九八)年になると、道長は腰病を発し、三月三日に出家の意を上《じょう》表《ひょう》した。天皇は「病体は邪気の為す所」として許さず、さらに五日、十二日にも上表したが、勅答で大臣の辞任は許さず、文書の内覧と近衛《このえ》随身を停めた(『権《ごん》記《き》』▲、なお史料にみえないが、内覧はのちに復活されたのだろう)。第三度表は『本《ほん》

▼**『権記』**　権大納言藤原行成の日記。正暦《しょうりゃく》二(九九一)年から寛弘八(一〇一一)年までが現存する。頭弁《とうのべん》、参議大弁《だいべん》などとして一条天皇と道長の連絡につとめ、朝《ちょう》議《ぎ》・政務の実態が詳細に記録される。『史料纂集』『史料大成』所収。

朝文粋《ちょうもんずい》』▲巻五に収録されているが、「臣、声源浅薄《せんぱく》にして、才地荒蕪《こうぶ》たり。偏《ひと》へに母后の同胞を以て不次《ふじ》に昇進し、父祖の余慶に因り徳匪《あら》ざるに登用せらる」(大江匡衡《おおえのまさひら》作)とは、道長の偽りない思いだろう。この年、彰子《しょうし》はまだ一一歳、頼通《よりみち》は七歳だった。大病のせいか道長はとても弱気である。二年後の長保二(一〇〇〇)年にも大病をわずらい辞表を提出している。

この年は、五月から疫病の流行が始まり、六、七月に多くの死者を出した。「赤斑瘡」といわれるので、麻疹であろう。「主上より始め庶人に至るまで、上下老少、此の瘡《そう》を免るる無し」(『日本紀略《にほんきりゃく》』)といわれ、七月には一条天皇自身も赤斑瘡にかかった。そうしたなか、女御元子は、六月が臨月だったが、それをすぎても出産することなく、破水してしまった(『栄花物語』には「水のさと流れ出づ」)。ただ一条天皇はこのあとも元子に執着し、しばしば参内させるのである。

長保元(九九九)年になると、中宮定子はふたたび懐妊し、十一月に第一皇子敦康《あつやす》を出産する。出産のために八月に定子は内裏より中宮大進《だいじょう》平生昌《たいらのなりまさ》の三《さん》条《じょう》邸へ退出し、この時のようすが『枕草子《まくらのそうし》』「大進生昌が家に」に描かれ、清《せい》少納言《しょうなごん》と生昌のウィットに富む会話が記される。しかし実際には、行啓《ぎょうけい》とい

▼『**本朝文粋**』 弘仁《こうにん》年間(八一〇〜八二四)から長元《ちょうげん》年間(一〇二八〜三七)までの優れた文章四三二篇を集め、三九部門に分類した漢詩文集一四巻。編者は藤原明衡《あきひら》(?〜一〇六六)。平安《へいあん》時代を代表する学者・詩人が揃う。『新日本古典文学大系』所収。

うのに責任者の上卿《しょうけい》も不参であり、そもそも中宮職の長官の中宮大夫《たいふ》または権大夫（公卿）に誰もなっていなかったので、三等官の生昌邸へ退出することになった。道長はこの日早朝から人びとを率いて宇治《うじ》の別荘に遊びに出かけた。宇治まで赴いた公卿は兄道綱《みちつな》と藤原斉信だけだったが、多くの公卿は道長を憚って参内せず、淋しい行啓だった。生昌邸は板ぶきの門であり、「御輿《みこし》、板門屋を出入するを聞かず」と実資になげかれている。定子付きの女房もみじめな思いだったろうが、『枕草子』は異常に明るい。それは定子後宮の文化がいかに魅力的だったかを示すのだろう。清少納言は定子の死去まで宮仕えを続けたと考えられている。

この年の二月に、道長の娘彰子の裳着《もぎ》が盛大に行われた。女性の成人式であり、一二歳になったのである。右大臣以下の公卿はこぞって道長邸に集まり、翌々日には蔵人頭藤原行成《ゆきなり》▲が勅使《ちょくし》として訪れ、彰子を従三位《じゅさんみ》に叙すとの勅を伝えた。九月には入内の準備を進め、十一月一日に入内が行われ、一一人もの公卿が行列に付き従い、四〇人の女房が選ばれた。『栄花物語』によれば、「かたち、心をばさらにもいはず」「ものきよらかに、成出よき」（気品があって育ち

▼**藤原行成**　九七二〜一〇二七。摂政伊尹の孫だが、父の義孝《よしたか》は三歳の時に死去。長徳元（九九五）年に源俊賢《としかた》の推挙により後任の蔵人頭に抜擢され六年間つとめ、その後も参議、左右大弁として太政官の政務を支えた。一条天皇と道長の信頼厚く、故実《こじつ》に精通し、精励な勤務ぶりで「寛弘の四納言」と称せられる。その書は優雅かつ端正で、和様の書を完成させた。三蹟《さんせき》の一人。

▼**紫式部**　九七三頃〜没年未詳。『源氏物語《げんじものがたり》』の作者。父は文章生《もんじょうしょう》

の立派な)者を選りすぐったという。この時はまだ紫式部《むらさきしきぶ》▲は女房として出仕していないようだが、道長による彰子後宮の充実が、紫式部や赤染衛門《あかぞめえもん》▲、和泉《いずみ》式部▲などによる王朝《おうちょう》文学を生み出したのである。また入内のモニュメントとして四尺の倭絵《やまとえ》屏風《びょうぶ》がつくられた。七日に彰子を女御とする宣旨がくだった。道長以下藤原氏公卿はそろって天皇のもとへ向かい、慶賀の由を申した。偶然だが、ちょうどこの日に定子は平生昌邸で敦康親王を出産したのである。

長保二(一〇〇〇)年二月に、彰子が中宮に立后《りっこう》された。中宮定子の中宮職を皇后宮職《こうごうぐうしき》とし、さらに彰子を立后して中宮職をおいて、一人の天皇に二人の后がいるという異例の制度が開かれた。もちろんこれは道長からの要請で、一条天皇は思い悩んだ。天皇から前年以来相談を受けてたびたび奏上し、説得したのは蔵人頭の藤原行成だった。

> 現在の藤氏《とうし》皇后は、東三条《ひがしさんじょう》院・皇太后宮・中宮、みな出家しているので、氏の祀りを勤めない。中宮の封戸《ふこ》は、神事に奉仕するために設けられている(中略)。わが朝は神国《しんこく》なり。神事をもって第一とすべし(中略)。重ねて妃を后に立て、氏の祭を掌らせるのがよい(『権記』正月二十八日条を意訳)

出身の藤原為時《ためとき》。父より学問を学び、夫藤原宣孝《のぶたか》との死別後、寛弘二(一〇〇五)年暮れより中宮彰子のもとに女房として仕え、ひそかに『白氏文集《はくしもんじゅう》』の講読を行った。娘の賢子も女房として仕え、「大弐《だいに》三位《さんみ》」と称される。

▼**赤染衛門**　生没年未詳。平安中期の歌人。赤染時用《ときもち》女、実父は平兼盛《かねもり》か。道長の妻源倫子《りんし》に女房として仕え、大江匡衡と結婚し、上東門院《じょうとうもんいん》彰子にも仕えた。長久二(一〇四一)年の歌合《うたあわせ》にもみえ、高齢になっても活躍した。『栄花物語』正編の作者といわれる。

▼**和泉式部**　生没年未詳。平安時代を代表する歌人。大江雅致《まさむね》女。和泉守　橘道貞《たちばなのみちさだ》と結婚したが、冷泉《れいぜい》天皇皇子為尊《ためたか》親王、敦道《あつみち》親王と恋に落ち、『和泉式部日記』に語られる。寛弘六(一〇〇九)年頃道長に召されて、彰子に女房として仕えた。

という内容である。道長の意を受けての奏上であり、道長はこの件で、行成に子どもの代まで面倒をみると感謝している。とはいえ、ここで行成が述べた理窟がまったくのこじつけともいえず、一定の説得力があったのだろう。大原野《おおはらの》祭《まつり》▲は中宮の祈る祭祀《さいし》であり、何より「わが朝は神国なり」という、中世へつながる神国思想がこの頃成立してくるのであろう。そのなかで中宮が出家していることに対して貴族社会には疑問があったのだろう。この年の十二月、定子は生昌邸で媄子《びし》内親王を出産するが、亡くなってしまう。二五歳だった。残された敦康親王は、彰子が面倒をみて、育てた。

## 金峯山詣と敦成誕生

かくして左大臣道長と一条天皇による政治が進められる。道長は左大臣にのぼったので関白になる方法もあっただろうが、一上《いちのかみ》(筆頭大臣)左大臣として内覧の地位を続け、政権運営を行ったが、その特徴は章を改めよう。寛弘《かんこう》年間(一〇〇四～一二)になると、道長の日記『御堂関白記《みどうかんぱくき》』が詳しく記述されるようになるが、一条天皇の道長への信頼は厚いものがあり、道長は毎年正月の除目《じもく》

▼**大原野祭**　大原野神社(山城国乙訓《おとくに》郡)の祭祀、祭日は二月上《かみの》卯《う》と十一月中子日《なかのねのひ》。春日祭に準じて行われたが、近衛府使は近衛将監《しょうげん》がつとめた。藤原順子《じゅんし》(文《もん》徳《とく》母)により始められ、饗禄《きょうろく》を藤原氏の后宮《こうきゅう》が準備した。

▼**源俊賢**　九六〇～一〇二七。源高明《たかあきら》男、母は藤原師輔女。正

の執筆《しゅひつ》をつとめた。また源俊賢▲・藤原行成・藤原斉信▲など公卿たちが有能かつ勤勉であり、道長の政権運営を支えた。一条天皇は道長と協力しながら、公卿の上に立ち、その時代なりの有意義な政治を進めたといえるだろう。おたがいに相手を尊重したようで、「摂関《せっかん》政治というものは、天皇と摂関が外戚《がいせき》として一体感を持ち、相互に敬愛して朝廷を運営することを理想とした」と土田直鎮が述べている(『王朝の貴族』)。

この頃から、道長は仏教への奉仕を深める。藤原氏代々の墓地である木幡《こはた》の地(宇治《うじ》市)に、浄妙寺三昧堂《じょうみょうじざんまいどう》を建立《こんりゅう》する計画を立て、寛弘二(一〇〇五)年十月十九日に供養《くよう》を行った。

> この願は現世栄耀《げんせえいよう》・寿命福禄《じゅみょうふくろく》の為にあらず。只この山に座す先考《せんこう》・先妣《せんぴ》(両親)及び昭宣公《しょうせんこう》(基経《もとつね》)を始め奉り、諸亡霊の無上菩提《ぼだい》の為なり、今より後来々一門の人々を極楽《ごくらく》に引導せんが為なり(『御堂関白記』)。

と、先祖の霊の菩提のためであり、将来一門の人びとを極楽に導くことを願っている。そこに建てたのが法華三昧堂だったことは、法華経《ほけきょう》▲に基づく道長の仏教信仰の独自性を示している。

暦三(九九二)年蔵人頭となり、長徳元(九九五)年参議。道長の信頼厚く、寛仁元(一〇一七)年権大納言にいたる。この間中宮権大夫から皇太后宮大夫など一貫して彰子に仕えた。儀式政務に明るく「寛弘の四納言」と称せられた。

▼**藤原斉信**　九六七〜一〇三五。太政大臣為光次男。長徳二(九九六)年参議、寛仁四(一〇二〇)年大納言にいたる。道長の信頼厚く、彰子・威子《いし》の中宮大夫、敦成親王の春宮《とうぐう》大夫をかねた。「寛弘の四納言」と称せられ、政務だけでなく漢詩・和歌ともに優れていた。

▼**法華経**　大乗《だいじょう》仏教経典の一つ。鳩摩羅什《くまらじゅう》訳の「妙法蓮華経《みょうほうれんげきょう》」八巻二十八品が有名で、「無量義《むりょうぎ》経《きょう》」「観普賢経《かんふげんきょう》」とあわせて法華三部経《しょえ》という。最澄《さいちょう》が法華経を所依経典として天台宗《てんだいしゅう》を樹立し、法華信仰が広まった。護国経典でもあるが、成仏《じょうぶつ》の証《あかし》とされ、女人往《にょにんおう》生《じょう》が願われた。

**大峰山寺本堂《おおみねさんじ》**（奈良県天川村《てんかわ》）　山上ヶ岳の山頂に建つ修験道の寺院。

寛弘四（一〇〇七）年八月には金峯山《きんぷせん》に詣でた。道長の前半生では最大の宗教行事といえる。金峯山とは、吉野《よしの》のさらに奥、大峰連峰の総称で、山岳修行の第一の霊場である。中心は標高一七一九メートルの山上《さんじょう》ヶ岳《がたけ》であり、蔵王権《ざおうごん》現《げん》（金剛《こんごう》蔵王菩薩《ぼさつ》）が湧現《ゆうげん》したところと伝えられる。三月弱の長斎《ちょうさい》をへて、八月二日に京を出立し、十一月に子守《こもり》三所、三十八所（日本中の神が集まる）、ついで御在所（山頂の本殿）に参詣し、法華経、仁王経《にんのうきょう》、理趣分《りしゅぶん》（大般若経《だいはんにゃきょう》の一部）などを供養し、先年書写した金泥《きんでい》法華経と今度書写した弥勒経《みろくきょう》・阿弥陀経《あみだきょう》を御在所の下に埋納したと『御堂関白記』に記している。

この道長自筆の経典《きょうてん》は、元禄《げんろく》四（一六九一）年に山上から出土した金銅《こんどう》製経筒《きょうづつ》（国宝）のなかに、下半が失われたものの、残っていたのである（カバー裏写真参照）。経筒に刻まれた約五〇〇字の銘文《めいぶん》には、弥勒菩薩が未来に下生《げしょう》し、法会《ほうえ》を開き衆生《しゅじょう》を救うという弥勒下生信仰に基づき、その時に道長は極楽から参会し、この経巻が湧き出ることを願うと記す。ただし経典の第一に法華経をあげるように、法華経信仰が中心だった。遺る法華経には長徳四（九九八）年の奥書《おくがき》があり、一〇年前の書写で、その時から御嶽詣《みたけもうで》を願っていたのであり、永年の宿願だった。一方、蔵王権現には子授けの効験《くげん》も信じられ、子守三所に詣でており、彰子の皇子誕生の祈願という意味も含まれていたのだろう。

その甲斐もあったのか、彰子はまもなく懐妊し、寛弘五(一〇〇八)年九月に男子(敦成《あつひら》親王)を出産する。前述したように、この前後の土御門第《つちみかどてい》の有様を詳しく叙述したのが紫式部の『紫式部日記』である。出産後、三夜・五夜・七夜・九夜と産養《うぶやしない》の儀礼が華々しく行われ、十月には敦成に対面するため、一条天皇の道長の土御門第への行幸《ぎょうこう》があり、十一月には一条院内裏東北対で敦成の百日の儀が行われた。『紫式部日記』をはじめ、『御堂関白記』『小右記』『権記』に多く記録されている。一条朝でもっとも華麗な場面である。

さらに翌寛弘六(一〇〇九)年十一月には、彰子の第二子(敦良《あつなが》親王)も生まれた。これで道長と天皇との結び付きはいっそう深まるはずだったが、寛弘八(一〇一一)年五月に天皇は病に倒れ、六月に居貞《いやさだ》親王に譲位(三条《さんじょう》天皇)、出家ののち、崩御《ほうぎょ》してしまうのである。三二歳だった。一条天皇は、皇太子に敦康親王を立てたかったようだが、ふたたび行成が説得し、四歳の敦成の立太子《りったいし》が認められた。彰子は道長を怨んだと記されている。

## ③—三条天皇との対立と外孫の即位

### 娍子の立后

三条《さんじょう》天皇▲は、長く東宮《とうぐう》におり、すでに三六歳であり、政務や儀式に対して主体性を発揮しようとした。道長に対抗する振舞いも多く、一方、道長は孫の東宮敦成《あつひら》の即位を望んだこともあり、両者の折合いが悪かったことは有名である。三条天皇の母は、道長の姉の超子《ちょうし》であり、道長は新天皇の外叔父《がいおじ》にあたり、血縁からいえば外戚《がいせき》である。ただ母超子は居貞《いやさだ》が七歳の時に没してしまい、道長と天皇とのあいだの調整役にならなかった。

寛弘《かんこう》八(一〇一一)年八月、即位して二カ月ほど、蔵人頭《くろうどのとう》から関白《かんぱく》に任じたいとの意向が伝えられたが、「前々この仰せ有り、しかるに不能の由を申す」と道長は答え、天皇と対面のうえ辞退し、その結果「上下の文書触れ示すの後奏聞《そうもん》すべき宣旨《せんじ》」つまり内覧《ないらん》宣旨がくだったのである。道長は太政《だいじょう》大臣に移る(同時に関白?)ことは検討したようだが、みずからの意志で一上《いちのかみ》左大臣にとどまったのである。当初から仲が悪いわけでも、嫌がらせをしたわけでもなかった。

▼**三条天皇**　九七六〜一〇一七。冷泉《れいぜい》天皇第二皇子。四半世紀におよぶ東宮生活ののち、寛弘八(一〇一一)年に三六歳で即位。即位以前に女御藤原娍子から敦明親王など四親王が生まれていた。即位後人事をはじめみずからの意志をとおし、道長との対立が深まった。長和五(一〇一六)年に敦明立太子を条件に退位したが、翌年流行病によって没した。

**東三条第の復元模型**

▼**東三条第**　二条大路《にじょうおおじ》南・町《まち》尻小路《じりこうじ》西の邸宅。摂関家嫡流に伝わり、道長は伝領すると大規模に修造した。寛弘二(一〇〇五)年内裏焼亡により天皇が遷御《せんぎょ》し、翌年盛大な花の宴を開いた。長和元(一〇一二)年には妍子の立后儀が行われた。

長和元《ちょうわ》(一〇一二)年四月に女御《にょうご》藤原娍子《せいし》を皇后にしたことが大きな問題を起こした。二年前の寛弘七(一〇一〇)年に道長次女の妍子《けんし》が東宮居貞に入り、東宮妃《ひ》となり、即位とともに女御宣旨を給わり、この年二月に中宮《ちゅうぐう》に立てられていた。三条天皇はさらに一条《いちじょう》天皇の二后《にこう》並立の例を逆手に用いて皇后にしようというのである。三月、今日娍子を皇后とする宣旨をくだすのはどうかとの天皇の意向に対して、道長は「先日仰せ事を承る。左右の仰せに随ふべし」と返事をし、うんざりして突き放し、認めている。そもそも皇后は父親が大臣であることが貴族《きぞく》社会の常識であり、娍子の父は大納言《だいなごん》藤原済時《なりとき》で、一七年前に亡くなっていた。そこで済時に太政大臣を贈って強行したのだが、後見も参議《さんぎ》にのぼったばかりの異母弟通任《みちとう》しかおらず、あまりに無理がある。

道長は、娍子立后《りっこう》の四月二十七日に、東三条第《ひがしさんじょうてい》▲にさがっていた中宮妍子の内裏《だいり》参入をぶつけた。多くの公卿《くぎょう》や殿上人《てんじょうびと》が妍子のもとに集まり、立后の儀式だというのに大臣もいなかった。内裏に集まったのは、上卿《しょうけい》を命じられた藤原実資《さねすけ》と兄の懐平《かねひら》、隆家《たかいえ》、娍子弟の通任の四人だけだった。道長の嫌がらせではあるが、貴族社会が三条天皇による娍子立后を支持していないことを示している。天皇が頼りにしたのは大納言実資であり、実資の『小右記《しょうゆうき》』には天皇の振舞いと道長への批判が多く記されているが、現実には実資は天皇の欠点も承知していて、賢明に是々非々の立場を守った。道長は翌二十八日に妍子の御在所《ございしょ》で饗饌《きょうせん》を設け、多くの公卿が集まった。そこには前日娍子立后に参入した実資・懐平・隆家も参じている。さすがというべきだろう。

この年、妍子は懐妊し、年末の長和への改元《かいげん》をへて、長和二(一〇一三)年七月に皇女を出産した。しかし女子であったので道長は悦ばなかったと伝える。この禎子内親王《ていしないしんのう》はのちに後朱雀《ごすざく》天皇の中宮となり尊仁《たかひと》親王▲を生んだのであり、摂関《せっかん》政治を大きく変えることになる。

長和三(一〇一四)年二月に、内裏が焼失してしまい、天皇の疲弊が深まる。焼け出された三条天皇や妍子の御在所は道長の枇杷殿《びわどの》▲と決まった。この里《さと》内裏▲としての枇杷殿造営について、道長は殿舎の数を減らすのがよいと奏聞したが、「天許」がなかった。しかし道長の言は、藤原公任《きんとう》や源俊賢《みなもとのとしかた》の意見を受けたもので、貴族層の多数意見だった(『小右記』)。倉本一宏は、人事などで情実を入れて、みずからの意見を押しとおそうとするなど、三条天皇に問題が多く、道

▼**尊仁親王**　一〇三四〜七三。後朱雀天皇第二皇子、母は禎子内親王。寛徳《かんとく》二(一〇四五)年に立太子、治暦《ちりゃく》四(一〇六八)年異母兄の後冷泉天皇の死去により、後三条天皇として即位した。摂関家をおさえて親政《しんせい》を行い、院政《いんせい》期を導いた。

▼**枇杷殿**　鷹司《たかつかさ》小路南・東洞《ひがしのとう》院《いん》大路西の邸宅。長保《ちょうほ》四(一〇〇二)年道長が伝領し、寛弘三(一〇〇六)年以降、居貞親王の東宮御所として使用された。長和三(一〇一四)年内裏が焼亡すると、三条天皇の里内裏として使用されることになった。

▼**里内裏**　大内裏に対して、平《へい》安宮《あんきゅう》外の仮の皇居。天慶《てんぎょう》四(九六〇)年の内裏焼亡以降、天皇所有の後院《ごいん》や臣下《しんか》の私邸に滞在したが、一条天皇以降、後院以外の邸宅に滞在することがふえ、里内裏と呼ばれ、一条天皇は一条院を多く使用した。

長が貴族社会全般の利害を統合し、代弁しているという側面があると論じている(『三条天皇』)。

## 三条天皇の眼病と退位

対立が決定的になったのは、長和三(一〇一四)年以降進んだ三条天皇の目と耳の病であった。内裏焼失による心労のせいか、片目がみえず、片耳が聞こえないという状況になった。三月には今度は内蔵寮《くらりょう》や掃部寮《かもんりょう》などが焼亡し、累代の宝物が焼けてしまった。これに対して道長は異母兄の道綱《みちつな》とともに「天道、主上を責め奉る」と奏上《そうじょう》し、道長はさらに禅位(譲位)あるようにと責めたらしい(『小右記』三月十四日条・二十五日条)。ただしこの年の『御堂関白記《みどうかんぱくき》』は伝わらず、道長の行動の詳細はわからない。

目がみえないと、叙位《じょい》・除目《じもく》も行えないのである。長和四(一〇一五)年八月、三条天皇は、眼病のあいだ道長がかわって官奏《かんそう》▲をみるようにいったが、道長は辞退して、政務は停滞した。道長の譲位の促しに対して、天皇は新内裏に還御《かんぎょ》をとげなければ譲位はありえない。還御してもなお目がみえなければ道長の志

▼**官奏**　太政官に上申《じょうしん》された諸司・諸国の文書のなかで必要なものを、天皇の御前《ごぜん》で奏上して勅裁《ちょくさい》をあおぐ儀式。指名された公卿(多くは大臣)が官奏に候することになっていた。官奏の項目は限定されていた。

に従うほかないと実資に語っている。

九月二十日にようやく新造内裏がなり、念願の遷幸《せんこう》が行われたが、天皇は進退が不調で、道長や近習《きんじゅう》の公卿が身体をささえた(『小右記』)。十月になると内裏還御も実現したとして、譲位後の東宮について、三条の御子(敦明《あつあきら》・敦儀《あつのり》ら)は器にたえないと道長が述べ、天皇は憤慨しているが、藤原公任▲と源俊賢も三条に譲位を迫った。三条の譲位を求める声は、道長の権勢欲だけによるのではなく、公卿層に共有されていたのだろう(『小右記』十月二日条)。

十月二十五日には、三条天皇は、政務を左大臣に譲るが、すぐに譲位はしない、もし道長の行うところに非があれば、天譴《てんけん》にあたるだろうと実資に説明した。こうした皇位への執着に対しては、藤原斉信《ただのぶ》も藤原行成《ゆきなり》も天皇を批判している。翌日に道長に摂政《せっしょう》に准じて除目や官奏《かんそう》を行わせる宣旨をくだした。『小右記』には「摂政の例に准じ、官奏を見る事、除目を行ふべき事、一上の事を行ふべき事」とある。「御悩の間」の字句はなく、道長の求めた文言である。無条件の政権委譲といえる。

これを受けて二十七日から道長はみずからの直廬《じきろ》▲(飛香舎《ひぎょうしゃ》)に公卿を集めて

▼**藤原公任**　九六六～一〇四一。藤原実頼《さねより》孫、関白頼忠《よりただ》長男で小野《おのの》宮《みや》流直系。正暦《しょうりゃく》三(九九二)年参議、寛弘六(一〇〇九)年に権大納言、「寛弘の四納言」の一人。『大鏡』が伝える「三船の才」の故事のように、漢詩《かんし》・管弦《かんげん》・和歌《わか》のいずれにも優れた当代随一の文化人として尊敬を集めた。『拾遺《しゅうい》和歌集』『和漢朗詠集《わかんろうえいしゅう》』を編み、有職故実《ゆうそくこじつ》への深い知識をもって『北山抄《ほくざんしょう》』を編纂した。

▼**直廬**　皇親や摂政・関白が宮廷内にあたえられた個室。道長の直廬は飛香舎(藤壺)に設けられた。摂政はみずからの直廬に公卿を招き、叙位・除目を行った。

除日を二日間行った。一方の官奏については、三月以来行われておらず、諸国の財政文書などの奏上と決済がなされず、受領《ずりょう》が「愁吟極まり無し」という状況になった。そこで道長は九月十七日に形だけの官奏を行い、政務の停滞を防いだ。たとえ細かくご覧になれなくても問題ないといっている（『小右記』）。伊勢《いせ》神宮などへ勅使《ちょくし》を遣わし祈禱《きとう》したが、眼病は悪いままだった。

十一月十七日、三条天皇がそこでの正式な譲位を望んでいた新造内裏が、わずか二カ月で焼失してしまった。「世に謂《い》はく、天下滅亡の秋《とき》なり」（『百練抄《ひゃくれんしょう》』▲）とある。三条天皇は、天にも見捨てられたようで、翌年早々に退位することになる。問題となっていた新東宮の選定については、十二月に道長も妥協し、敦明親王（藤原娍子所生第一皇子）を立てることを受け入れた。

## 敦成の即位と望月の歌

長和五（一〇一六）年正月、敦成親王が践祚《せんそ》した（後一条《ごいちじょう》天皇）。九歳の幼帝のため、道長ははじめて摂政となった。二月には即位式が行われ、天皇は礼服を着し大極殿《だいごくでん》の高御座《たかみくら》にのぼった。母后《ぼこう》彰子《しょうし》の座が西の幔内《まんない》、摂政道長の座が

▼**『百練抄』** 編年体《へんねんたい》の歴史書、編者不明だが、亀山《かめやま》天皇の頃の貴族によるか。冷泉天皇の安和《あんな》元（九六八）年から亀山天皇の正元《しょうげん》元（一二五九）年までが現存する。古い部分は諸日記を抄出したものらしい。『新訂増補国史大系』所収。

**高御座**（京都御所《ごしょ》）

東の幔内に設けられ、王権《おうけん》のあり方を示している。

道長は摂政となったので、一上になれない。右大臣藤原顕光《あきみつ》が一上になるべきだが、三月に道長は、右大臣も内大臣も老齢で不適当だとし、大納言以上の公卿のうち参入した上首《じょうしゅ》の者に文書の決裁を求めることにした。顕光の無能さを考え、一上を指名せず実資や斉信などの有能な公卿に行わせ、政務の潤滑な運営を考えたのだろう。五月十日には道長の飲水病（糖尿病）が深刻で、死期が遠くないかと聞いた実資は、「朝の柱石、尤《もっと》も惜しむべし」と記している（『小右記』）。十二月には道長は上表《じょうひょう》して摂政はもとのままで、左大臣を停任された。

寛仁《かんにん》元（一〇一七）年三月に、大臣ポストを一つあけたことから、嫡男藤原頼《より》通《みち》が▲権《ごん》大納言から内大臣に昇進した。さらに道長は摂政を辞し従一位《じゅいちい》に叙せられ、頼通が同日に摂政となった。道長は公職を離れたのである。

五月に三条上皇《じょうこう》は流行病にかかり、亡くなってしまう。退位後一年余りであった。六月に道長は上皇の遺領処分を行うが、生前に三条院は妍子所生の禎子内親王にたてまつるように指示を受けていた。上皇の死によりもっとも影響を受けたのは、東宮敦明親王だった。三条譲位の条件としての立太子《りったいし》だったが、

▼**藤原頼通**　九九二〜一〇七四。道長長男、母は源倫子《りんし》。寛弘三（一〇〇六）年に従三位《じゅさんみ》、寛仁元（一〇一七）年、二六歳で内大臣に進み、道長の譲りで摂政となった。その後三代五〇余年、摂関の座にあった。治暦《ちりゃく》四（一〇六八）年関白を弟教通《のりみち》に譲り、宇治に隠退した。宇治別業《べつごう》を寺に改めた平等院《びょうどういん》は、摂関家の氏寺《うじでら》として重んじられた。

▼**春宮坊**　皇太子に付される家政機関。令《りょう》制では大夫、亮《すけ》、大・少進《じょう》、大・少属の四等官《しとうかん》がおかれ、権大夫が任命されることも多い。別に道徳をもって東宮を輔導する東宮傅の官があり、大臣・納言の長老が兼任した。

後ろ楯がなくなってしまった。八月六日に敦明が道長と会談し、輔佐する人がなく、春宮坊《とうぐうぼう》▲はないようなもの、東宮傅《ふ》の顕光と大夫《たいふ》の通任の仲が悪い、まったく自分のために益がなく、辞退したいとの思いを示した。翌日に公卿が多く道長のもとに集まり二日後に一条天皇皇子敦良《あつなが》を立太子することに決まった。また東宮辞退後の敦明の処遇については、道長は申し出を受けたその場で摂政頼通を召し相談し、年官《ねんかん》・年爵《ねんしゃく》▲・封戸《ふこ》のほか院分受領《いんぶんずりょう》まであたえ、太上《だいじょう》天皇に准じて小一条院の称号をあたえることとなった。さらに道長四女(明子《めいし》腹)の寛子《かんし》と結婚するのである。

八月九日、敦良親王(のちの後朱雀)の立太子儀が、急速な準備で行われた。この緩急自在な行動力に道長の政治家としての力量がうかがわれる。二十三日、内裏から壺切《つぼきり》の太刀《たち》▲が遣わされ、道長がこれを新東宮の枕もとにおいた。これは、宇多《うだ》天皇以来皇太子の護り刀として代々立太子とともに授与されてきたもので、道長はこれを敦明に授けていなかったのである。

かくして天皇も東宮も道長の孫となった。十二月には道長は太政大臣に任じられ、大饗《たいきょう》▲も行ったが、これは翌寛仁二(一〇一八)年正月の後一条天皇元服式《げんぷく》

**▼年官・年爵**　年官は上級貴族に認められた官職の申任《しんにん》権のこと。おおむね諸国の掾《じょう》・目《もく》・史生《ししょう》であるが、院宮《いんぐう》などは介《すけ》以上や京官の申任もできた。年爵は院・東宮・三后にあたえられた叙爵者(従五《じゅご》位下《いげ》)の推薦権である。

**▼壺切の太刀**　東宮相伝《そうでん》の宝剣。延喜《えんぎ》四(九〇四)年に醍醐《だいご》天皇は立太子した保明《やすあき》親王に、自身の立太子時に宇多天皇から下賜《かし》された壺切の太刀を下賜した。本来は藤原基経《もとつね》の所有だったという。『御堂関白記』にはただ「御剣」とみえる。

**▼大臣大饗**　正月または大臣が任官された時、その私邸に太政官人が招かれて行われる饗宴。主賓である尊者(大臣)に請客使《しょうきゃくし》が派遣され、朝廷からは蘇甘栗使《そあまぐりのつかい》が遣わされた。任大臣大饗は、寝殿《しんでん》の南廂《みなみひさし》で行ったので廂の大饗ともいう。

で加冠《かかん》役をつとめるためで、二月には辞するので政治的には実質的な意味はない。元服を受けて、三月には三女威子《いし》が入内《じゅだい》する。四月にはようやく新造なった内裏へ、後一条天皇が彰子と同輿して一条院から還御した。この日に威子を女御《にょうご》とする宣旨がくだった。

十月十六日、威子が中宮に立てられる。道長や頼通に立后をうながしたのは彰子だった。中宮妍子が皇太后となり、彰子はすでに太皇太后《たいこうたいごう》になっていたから、一家から三后《さんこう》が並び立つこととなる。立后の儀▲として、内裏紫宸殿《ししんでん》に天皇が出御《しゅつぎょ》し宣命《せんみょう》の儀を行ったあと、威子がいる本宮の儀（土御門第《つちみかどてい》）が行われ諸卿が参入して、慶賀、拝礼があった。その穏座《おんざ》（二次会の宴）で「望月の歌」がよまれた。『小右記』によれば、道長が実資を呼び「和歌を読まむと欲す、必ず和すべし」といい、「誇りたる歌になむある、但し宿構《しゅくこう》にはあらず（即興だ）」と、

この世をば我世とぞ思ふ　望月の虧《か》けたる事も無しと思へば

これに対し、実資は、御歌は優美で酬答《しゅうとう》することもできないとし、白居易《はくきょい》の故事▲をふまえ、公卿たちがこれを数度吟詠《ぎんえい》し、「太閤」（道長）は「和解」したとある。

道長の絶頂の時代を象徴する有名な歌であるが、『御堂関白記』には「ここにお

**▼立后の儀**　女御のなかから皇后を立てる儀。立后を事前に伝える兼《けん》宣旨がくだされるとその女御は里に退出する。ついで南殿《なでん》に天皇が出御し、王卿《おうけい》の前で立后の宣《せん》命《みょう》が読み上げられる。ついで新皇后の御在所に場を移し本宮の儀となり、新任の宮司らが皇后のもとに赴き宣命を披露し、公卿らによる拝礼《はいれい》、賜宴《しえん》、賜禄《しろく》がなされる。

**▼白居易の故事**　元稹《げんしん》の菊の詩に、白居易は和すことなく、深く賞し一日吟詠したという逸話。『元稹集』巻一六律詩「菊花」をさし、『白氏文集《はくしぶんしゅう》』巻一四律詩《りっし》「禁中九日、菊花酒に対して元九（元稹）を憶ふ」にみえる。

いて、余和歌を読み、人々これを詠ず」と記すだけで、「望月の歌」は『小右記』があったので伝わった。しょせんは酔余の座興である。また「この世」は、「この夜」と理解すべきだとする意見も出され、「自分の天下だ」という強い意味はもたないのかもしれない。

## 大殿道長

道長の栄華の絶頂であるが、問題があるとすれば、すでに官職を辞していたことである。摂政を辞したあと、道長は「大殿《おおとの》」と呼ばれ（『小右記』寛仁元〈一〇一七〉年七月十四日条）、内裏内の直廬を保ち、参内・候宿《こうしゅく》（宮中に宿泊すること）もしていた。寛仁元年の後一条《ごいちじょう》即位にともなう一代一度仁王会《にんのうえ》▲について、その仁王会定《さだめ》の日程について、摂政頼通の意見を無視し、自身の判断をとおしている。実資はこれでは「巨細の事、摂籙《せつろく》（摂政）自由にし難し」（八月十八日条）と批判している。十月の仁王会当日には、清涼殿《せいりょうでん》の御前儀では、摂政が行香《ぎょうこう》▲に加わり、一方で前摂政（道長）は天皇が坐す簾中にいて、「帝王の如し、人臣にあらず」（十月八日条）と実資が形容している。

▼**仁王会**　大極殿《だいごくでん》・紫宸殿・清涼殿ほか百高座《こうざ》を設け、仁王経を読誦《どくじゅ》して、鎮護《ちんご》国家を祈願する法会。毎年春秋に行うほか、天皇即位の年、大極殿で行う一代一度仁王会がある。

▼**行香**　法会の折、公卿や堂童《どうどう》子《じ》らが焼香のための香を、衆僧のあいだをめぐって配ること。

一方で人事については、八月に頼通が摂政となって最初の京官除目が頼通直廬で開催された。この時道長は、宇治山荘《うじさんそう》に除目が終るまで三日間滞在するとし、それは「朝議《ちょうぎ》(除目)に知《あずか》らざる由」を示すためだった。しかし、実資は逆に道長の不介入はかえって摂政のためにおろかな行動だと批判している(『小右記』八月二十八日条)。直廬の作法は「夢のごとし」(乱れたさま?)で、「衆人側目す」(目を背けた)と伝える。道長は宇治からの帰路、木幡《こはた》の浄妙寺《じょうみょうじ》の辺りで、摂政の使《つかい》に会い、書状を受け取っている。除目についての問合せか結果の報告だろう。大殿道長の人事への影響力、そして信頼は大きかったのである。実資をはじめ、関係者の人事について道長に依頼している例はきわめて多い。

大殿道長の人事への関与は、出家したあとも亡くなるまで続いたようで、頼通は道長の意見を求めていたようである。道長死後しばらくして法成寺御堂《ほうじょうじみどう》に集まった公卿たちが「関白初めて明春の除書《じしょ》を行はるべし。若《も》し適《たま》ま道理を行はれば天下帰服すか。また非理の事有らば、上下相背くか」(『小右記』万寿《まんじゅ》四〈一〇二七〉年十二月二十日条)と雑談している。頼通は一〇年前に摂政となり、のちには関白となりすでに毎年の除目を行ってきたのに、来年(長元《ちょうげん》元〈一〇二八〉年)の春除目で、道長死後、はじめて頼通の政治力が問われると、貴族たちは認識していたのである。

この大殿道長の力の背景には、現摂関の父親、摂関家の長としての立場と、天皇の外祖父《がいそふ》としての立場があり、いずれも重要だろう。道長には強力な政治力があり、引退後も人事を中心に大きな影響力があった。ただ官職のない立場であるいは出家した「禅閤《ぜんこう》」が力をもつことは、太政官《だいじょうかん》制度をもとにする摂関政治に変質をもたらしたことは否定できない。この「大殿」のあり方は、頼通の子の藤原師実《もろざね》に継承され、さらに鎌倉《かまくら》時代へつながっていった。

## 出家と法成寺供養

寛仁三(一〇一九)年三月、道長は胸の病や眼病が悪化し、土御門第において出家した。戒師《かいし》は院源《いんげん》で、法名は行観《ぎょうかん》、のちに行覚《ぎょうかく》と改めた。時に五四歳。数日後に道長を訪れ面談した実資は、「容顔は老僧のようであった」と記し、「山林に隠居するのでなく、月に五、六度は竜顔《りょうがん》(天皇の顔)を見に来たらどうか」と提案している。道長がいたほうが安定すると感じているのだろう。

九月に道長は東大寺《とうだいじ》で受戒《じゅかい》した。その時に円融院《えんゆういん》が東大寺で受戒した時の日記を求め、先例としている。翌寛仁四(一〇二〇)年二月に土御門第の東隣に無《む》量寿院《りょうじゅいん》をつくり、丈六阿弥陀仏《じょうろくあみだぶつ》九体などを安置した。三月には三后の行啓《ぎょうけい》をあおぎ、阿弥陀堂の落慶法要《らっけいほうよう》を盛大に行った。

この無量寿院に堂塔が建増しされて造営されたのが法成寺《ほうじょうじ》である。道長の仏教信仰の到達点といえるだろう。治安《ちあん》二(一〇二二)年七月の法成寺金堂供養《こんどうくよう》が、最大のクライマックスであった。天皇・東宮の行幸啓をあおぎ、三后も参列した。『御堂関白記』はすでに出家後で記事はないのだが、『栄花物語《えいがものがたり》』がこの日の供養に巻一七「おむがく」一巻すべてをあて、詳しい華麗な描写を残している。

庭の砂は水精のやうにきらめきて、池の水清く澄みて、色々の蓮《はちす》の花並み生ひたり。その上にみな仏顕れたまへり。仏の御影は池に写り映じたまへり。東西南北の御堂御堂、経蔵《きょうぞう》、鐘楼《しょうろう》まで影写りて、一仏世界と見えたり。

中央の庭・池・中島を囲むように金堂・薬師堂《やくしどう》・阿弥陀堂・経蔵・鐘楼が建ち、寝殿造《しんでんづくり》のように廊で結ばれ、美しい景観をつくったのである。この伽藍《がらん》様式は、無量寿院が本来道長個人の信仰生活の場として設けられたことと関係し、

**九体阿弥陀如来《にょらい》坐像**（京都府木津川《きづがわ》市浄瑠璃寺）

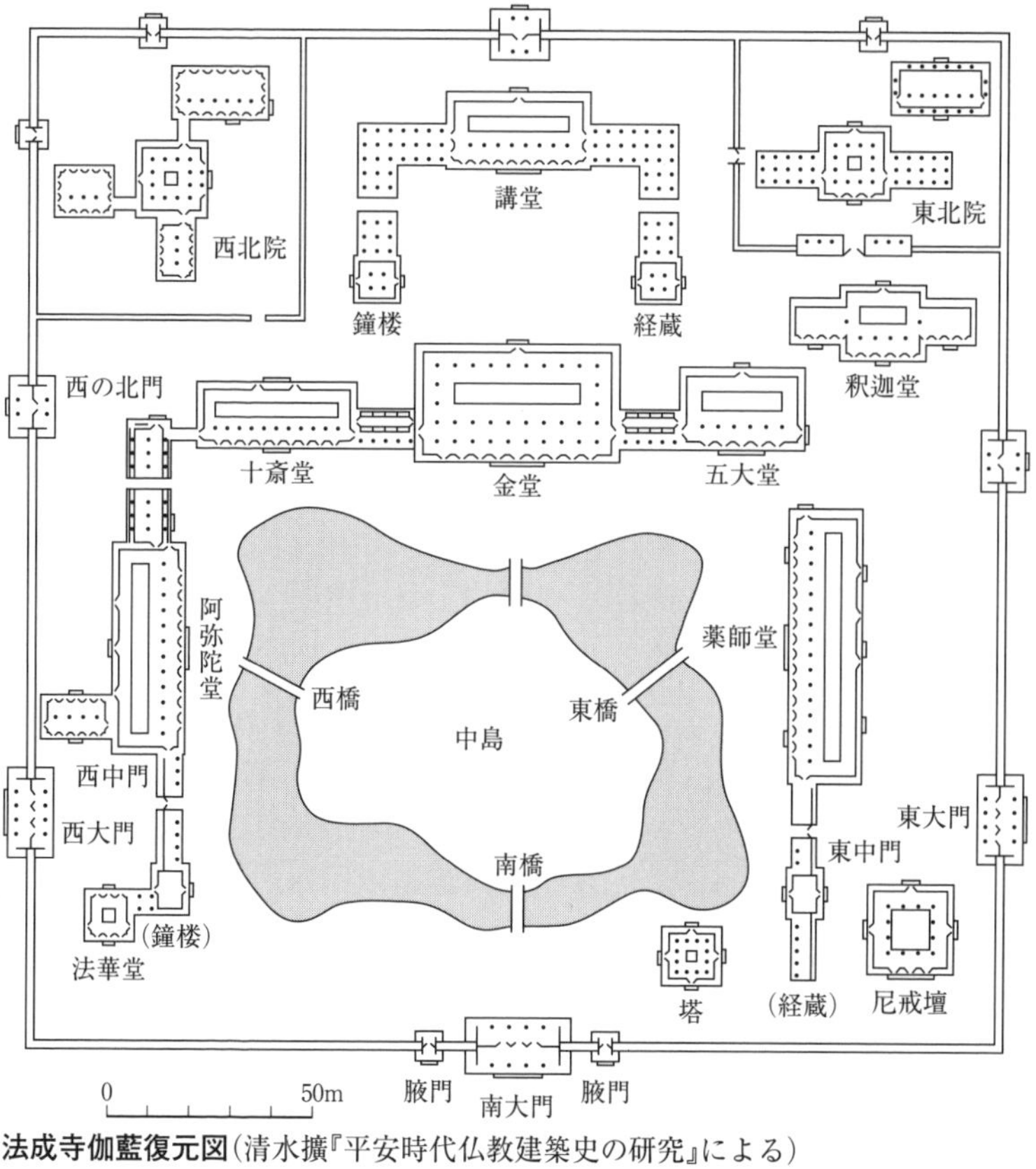


**法成寺伽藍復元図**（清水擴『平安時代仏教建築史の研究』による）

▼**法興院**　藤原兼家《かねいえ》が創建した寺院。二条の北、京極《きょうごく》東にあり、兼家の別邸二条院を寺とした。兼家の命日には法興院御八講が行われた。氏長者《うじのちょうじゃ》となった道長が経営を担い、寛仁元(一〇一七)年に再建した。

彰子ゆかりの経箱

地上に極楽《ごくらく》世界の再現を企てたものということができる。

万寿二(一〇二五)年八月に、尚侍《ないしのかみ》嬉子《きし》が、東宮敦良親王の皇子を出産した。親仁親王《ちかひとしんのう》、のちの後冷泉《ごれいぜい》天皇である。かなりの難産だったが、嬉子は流行していた赤斑瘡《あかもがさ》(麻疹《はしか》)にかかっていて、二日後に死去した。一九歳の若さだった。道長の悲しみはきわまりなく、翌日遺体を法興院《ほこいん》▲に移したあとも、嬉子に付き添っていた。

万寿三(一〇二六)年正月に、太皇太后彰子が出家した。彰子は東三条院の例にならい女院《にょいん》となり、上東門院《じょうとうもんいん》の院号《いんごう》が定められた。上東門院は長命を保ったこともあり、道長の死後も朝廷の権威となった。

万寿四(一〇二七)年九月に、皇太后妍子が死去した。道長はかけつけ、臨終に立ち会い、哀泣した。この悲しみのうえに、痢病がたえがたい状況となり、腫瘍も加わり、極楽往生《おうじょう》に向けた準備を始めた。十二月四日、道長は、法成寺阿弥陀堂で九体の阿弥陀仏に守られ、阿弥陀仏の極楽往生の糸を手にとったまま、息を引きとった。六二歳であった。鳥辺野《とりべの》で葬送され、墓は木幡浄妙寺の東に営まれた。

## ④ 道長の政治

### 内覧と一上

藤原道長は、摂関《せっかん》政治の頂点の人物といわれるが、これまでに述べてきたように、幼帝の後一条《ごいちじょう》即位の時に一年ほど摂政《せっしょう》となっただけで、ほとんど摂政・関白《かんぱく》にならなかった。三条《さんじょう》天皇からの関白就任の要請も断わっている。内覧《ないらん》になり、左大臣(一上《いちのかみ》)として政治を行ったのである。そこにはどのような意味があるか、政治制度や政治のあり方を考えてみよう。

摂政・関白は、本来は太政《だいじょう》大臣と一体で、その権能の拡大であった。十世紀半ば藤原忠平《ただひら》▲の頃に、天皇が幼少の時は摂政として権力を代行し、成人すると関白として天皇に上奏《じょうそう》あるいは下される文書をあずかりもうすというあり方が定まる。内覧とは、「太政官《だいじょうかん》申す所の文書」をまず道長にふれよという宣旨《せんじ》と「官中の雑事」を行えという宣旨からなる。太政官の雑事の掌握と太政官から奏上《そうじょう》する文書の内覧からなり、太政官政務を掌握したのである。これは関白の主要な機能であり、これに拒否権が加わるとされる。内覧も関白も、さらにそ

▼**藤原忠平**　八八〇〜九四九。藤原基経《もとつね》四男。昌泰《しょうたい》三(九〇〇)年に二一歳で参議となるが、辞して右大弁として出仕、のち兄時平《ときひら》が没すると、延喜《えんぎ》十三(九一三)年に太政官の首座につき、翌年右大臣、延長《えんちょう》二(九二四)年左大臣。延長八(九三〇)年朱雀《すざく》天皇の即位により摂政となり、太政大臣、天慶《てんぎょう》四(九四一)年に関白となる。忠平の時代に摂政・関白が制度的に定着し、貴族連合体制が確立した。

の延長上にある摂政も、太政官の統轄が中心となる権能だったのである。

　では関白にならず内覧である意味はどこにあったのか。それは左大臣にとどまり太政官政務を行ったこと、一上(筆頭の上卿《しょうけい》)の事を手放さなかったことにある。一上は、太政官の公事《くじ》を執行し、「一上に申す文」を決裁するので、通例は筆頭大臣の左大臣である。ただし一上が欠席すれば、右大臣以下出席公卿《くぎょう》の上首《じょうしゅ》が行うのであり、一上道長のもとでも右大臣顕光《あきみつ》や内大臣公季《きんすえ》がさまざまな公事を主催している。しかし左大臣が関白になると、一上にならないので、陣定《じんのさだめ》などの公卿議定《ぎじょう》には加わらないのが慣例となる(奏上を受ける側になる)。藤原兼家《かねいえ》が大臣を辞して摂関を独立の官としてからは、それが明確になる。藤原伊周《これちか》は独裁をめざして関白の職を求めたが、道長は摂関としての独裁ではなく、太政官の頂点で官僚機構を領導したのである。長和《ちょうわ》四(一〇一五)年に三条天皇から准《じゅん》摂政の宣旨を受けた時も、「一上の事」を行うとの文言が加えられ、道長にとっての一上の重要性がうかがわれる。

　藤原忠平から兼家へいたる過程で、摂関と太政官政務との分離が進んで、大臣から独立した摂関も生まれたが、道長はそれを本来の状態に戻そうとしたともいえるだろう。

## 公卿の分担

この時代の太政官政治の基本は、橋本義彦が明らかにしたように、「政《せい》」と「定《さだめ》」の二系統に分けられる(「貴族政権の政治構造」)。ただし「政」が衰退し、「定」が重要になっていくと論じた点については、曽我良成が、「政」の系統も変質しながら、一定の重要性を保っていたことを明らかにした(「太政官政務の処理手続」)。

「政」は「まつりごと」で、諸司・諸国からの上申《じょうしん》を聴いて判断することで、本来は天皇が朝堂院《ちょうどういん》▲で直接聞いて親裁《しんさい》し、朝政《ちょうせい》と呼ばれた。しかし平安時代には形式化して、十世紀には四月一日と十月一日に行う旬政《しゅんせい》という儀式化した政務として残るだけで、かわって公卿に対して政を申す、政務報告して裁可を乞う、公卿聴政《ちょうせい》が行われた。口頭でなく文書によるようになり、事務局である弁《べん》官《かん》▲が上申する文書を決裁するので申文《もうしぶみ》ともいう。大臣以下の公卿が一人で決裁し、それを上卿といい、中《ちゅう》納《な》言《ごん》以上があたる。担当する上卿のランクに対応し

▼**朝堂院**　大内裏の正庁、八《はっ》省院《しょういん》とも。奈良時代には北の大《だい》極殿《ごくでん》に天皇が出御《しゅつぎょ》し、朝堂に太政官や八省の官人が就き、毎朝政務が行われ、朝政といった。平安時代にはしだいに朝堂院から内裏へ政治の場が移った。

▼**弁官**　太政官議政官を支える事務部局。太政官の三等官にあたり、下に史がおかれる。諸司・諸国からの申請文書を整理したうえで、公卿に決済を求め、処理した。儀式においては上卿のもと行事弁として運営にあたった。

て、儀式の場が異なり、外記政《げきせい》▲、南所《なんしょ》申文▲、陣申文と政務が分かれる。とくに陣座《じんのざ》において弁官が上申し上卿が決裁する陣申文は、大臣が聴政するのが原則で、この時代「大中納言に申す雑事」と「一上に申す雑事」が内容により分けられていたが、後者にあたると考えられ、より上級の手続きだった。さらに天皇への奏上が必要とされた文書は、太政官を代表して大臣が奏上する。これが官《かん》奏《そう》の儀であるが、官奏にかける必要があるのは、受領《ずりょう》関係・財政関係の特定の文書に限定されていく。官奏は儀礼的だが、三条天皇の時に長らく行われず困ったように、受領の勤務評定や人事にかかわり、不可欠であった。

中納言以上の公卿は、さまざまな行事も上卿として担当した。公卿が分担して儀式の運営責任者をつとめることは、おそらく律令《りつりょう》制ではなかったことである。さらに内裏《だいり》造営とか即位式・大嘗祭《だいじょうさい》などの恒例でない臨時の大行事に対しては、行事所《ぎょうじしょ》という組織が設けられ、運営にあたった。指名された上卿のもと、行事弁《べん》・行事史《し》がおかれ、機能的に準備、当日の運営にあたった。寛仁《かんにん》元(一〇一七)年、後一条天皇即位にともなう賀茂社行幸《かもしゃぎょうこう》▲にあたり、行事所上卿となった藤原実資《さねすけ》がいかに精力的に執務したかは、土田直鎮が『王朝の貴族』で

▼**外記政**　諸司・諸国の申請を決済する政の一つ。内裏近くの外記庁で行われ、弁官が公卿に上申し、史が文書を読み上げ、太政官印の請印《しょういん》もなされた。十世紀半ばから開催が減り、続いて行う南所申文が機能した。

▼**南所申文**　諸司・諸国の申請を決済する政の一つ。外記政に続いて、参会者は侍従所《じじゅうどころ》(外記庁の南で南所という)に移動し、史が上卿に文書を差しだす形で決裁をあおいだ。大・中納言が上卿をつとめるのが通例である。

▼**賀茂社行幸**　賀茂社は賀茂別《わけ》雷《いかずち》神社と賀茂御祖《みおや》神社の総称で、王城《おうじょう》鎮護の神。円融《えんゆう》天皇以降、即位後の天皇行幸が慣例となった。後一条天皇の行幸では、母后彰《ほこうしょう》子《し》が同道し、山城《やましろ》国愛宕《おたぎ》郡を神郡《しんぐん》として寄進した。

賀茂祭使の図(『年中行事絵巻』)

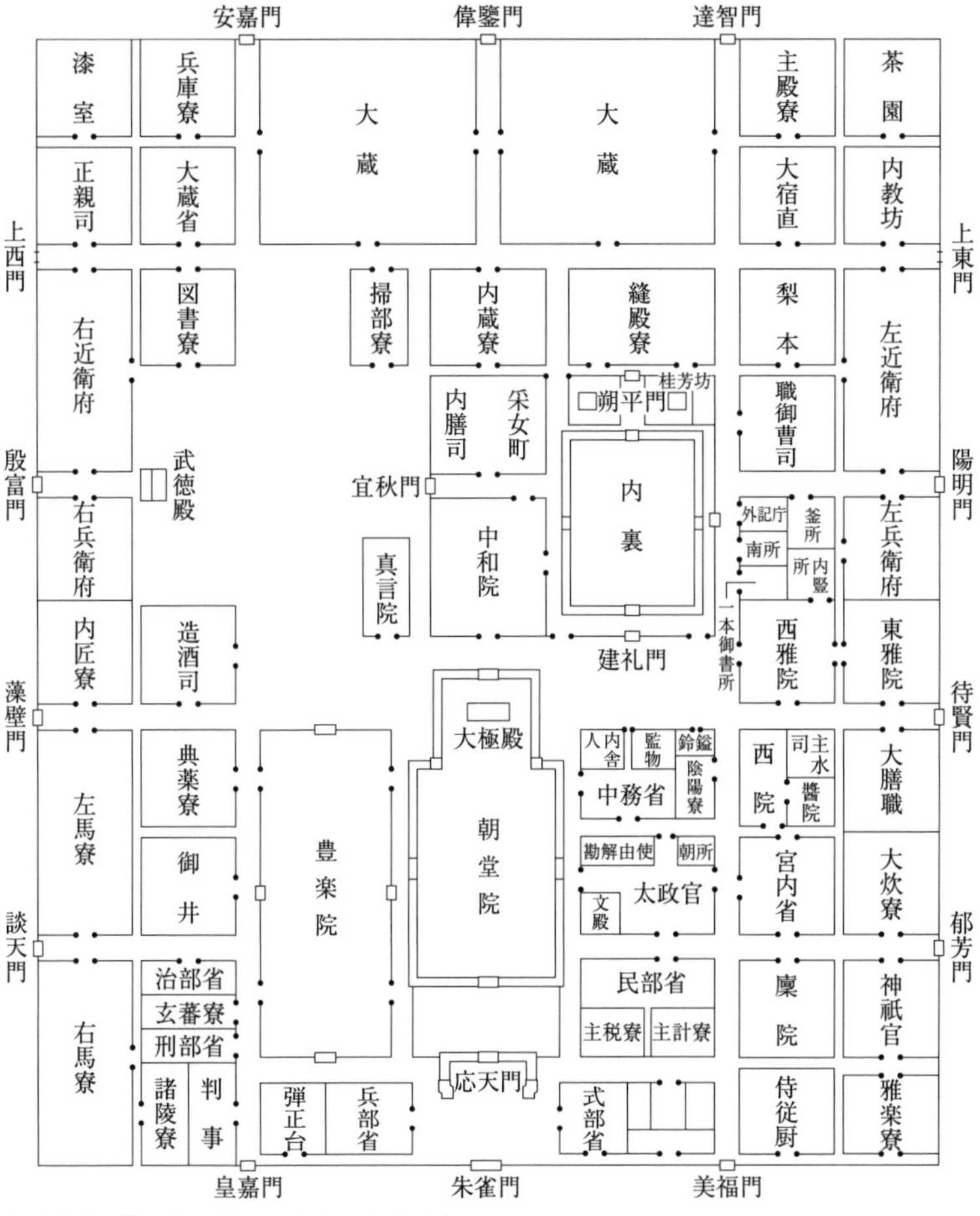


大内裏図(『平安京提要』をもとに作成)

取り上げ、上卿とは何かを論じた論文中でもふれている。

前年十二月に、恒例の祭祀《さいし》などの行事の上卿を定める(節会《せちえ》は一上が行うことになっていた)。これを公卿分配というが、寛和《かんな》二(九八六)年十二月に、公卿が当日故障を申して公事が行えない状況を防ぐため制度化された(『類聚符宣抄《るいじゅうふせんしょう》』)。一条天皇即位ののち、兼家政権のもとで定められたのである。

上卿には、したがって公卿にはかなりの政務処理能力が求められた。道長の時代には、「寛弘の四納言」と呼ばれる藤原斉信《ただのぶ》・公任《きんとう》・行成《ゆきなり》そして源俊賢《みなもとのとしかた》をはじめ、のちに大臣となる藤原実資など、有能な公卿が輩出したのである。

なお橋本義彦は、政が衰退するなかで、上皇《じょうこう》の専制化のもと「奏事《そうじ》」という直接上皇や摂関の裁決を求めるルートができ、申し次ぐ近臣の役割が重みを増すと指摘し、曽我良成は、弁官—上卿という本来の「申文」ルートでなく、弁官が直接蔵人頭《くろうどのとう》に付して上奏する「奏事」ルートは、十一世紀中葉に始まり、十二世紀初頭に定着すると論じた。これに対して玉井力は、奏事は道長の頃に一般化していたとさかのぼらせ、『権記《ごんき》』にみえる道長と行成のやりとりがその実例だとし(「十・十一世紀の日本」)、さらに古瀬奈津子が、奏事という公卿をとおさない奏上方式をつくりだし公卿を政治から疎外し、それまでの太政官政治を壊していったことに道長の革新性を認め、院政《いんせい》につながると主張した（『摂関政治』）。しかし黒須友理江は、『権記』にみえる行成による大宰府解《だざいふげ》▲の処理について、大宰府解は緊急性により左右大弁《だいべん》から直接摂関に持ち込まれる慣例となっていたことを明らかにし、史→蔵人→摂関→奏上という院政期型奏事にはつながらないと論じている。道長の政治は、公卿の分担のうえに成り立っていた。

## 陣定の意義

「定」とは、公卿が集まって（全員が原則）合議することで、紫宸殿《ししんでん》の東に隣接する陣座《じょうのざ》（仗座とも）で行われるので陣定という。天皇の御前《ごぜん》で行われれば御前定という。公卿というのは大臣・大納言《だいなごん》・中納言・参議《さんぎ》であり、参議とは議に参ずる、陣定に参加するという意味である。『御堂関白記《みどうかんぱくき》』寛弘《かんこう》元（一〇〇四）年三月七日条には、

　左仗座に着す。諸国申請の条々の雑事を定む。又季御読経《きのみどきょう》▲の僧名を定む（中略）。又前紀伊守景理《きいのかみかげまさ》の去年功過《こうか》、有るところの過、後司儀懐《のりちか》見物有る

▼**大宰府解**　大宰府から政府に宛てた上申文書。公卿聴政をへず、弁官（大弁）が直接摂関・内覧に持ち込み、決裁をあおいだ。陸奥《むつ》国と出羽《でわ》国の解も同じ扱いで、緊急性によると考えられる。

▼**季御読経**　春秋二季、宮中《きゅうちゅう》に百僧を請じ、国家の安寧を祈り、大般若経《だいはんにゃきょう》と仁王経《にんのうぎょう》を転読させる法会《ほうえ》。招請すべき僧を定めるのが僧名定であるが、これは公卿合議ではなく、上卿（ここでは道長）が陣座で定めた。

**陣座**（京都御所《ごしょ》）



に依り、仮に過を削る。西大寺別当仁宗《さいだいじべっとうにんしゅう》の替、諸卿申し定むるに依り、輔《ほ》
静《せい》を以て任ぜらる（下略）

と道長自身が陣座について、諸国申請雑事を定め、受領功過定（紀伊守大江景理）や諸寺別当定を行い、参加した八人の公卿の名を記す。『御堂関白記』にはこのように陣定の記事が多く、道長は一上左大臣として参加して議論に加わり、陣定を主導したのが特色である。

　陣定は、明文の規定はないが、重要な議題の場合に開かれるのが慣例であった。改元《かいげん》定（年号）、院号《いんごう》定（女院《にょいん》）など国家のシンボル、罪名《ざいめい》定（死刑・流罪《るざい》の決定）、外交関係（宋人《そうじん》定＝中国商人が来着した時に滞在を認めるか）のほか、諸国申請雑事定、受領功過定、造宮《ぞうぐう》定（内裏造営でどの建物をどこの受領に割りあてるか）など、地方行政つまり受領に関するテーマでは必ず開催され、受領を統制する場であった。陣定の発議権は天皇にあり、天皇の諮問に対して答申する。したがって論理的には天皇が必要だと思えば開催できるが、実際は何を陣定にかけるかは決まっていた。

　陣定では、下位の公卿、新任の公卿から順に全員発言する習わしである。あ

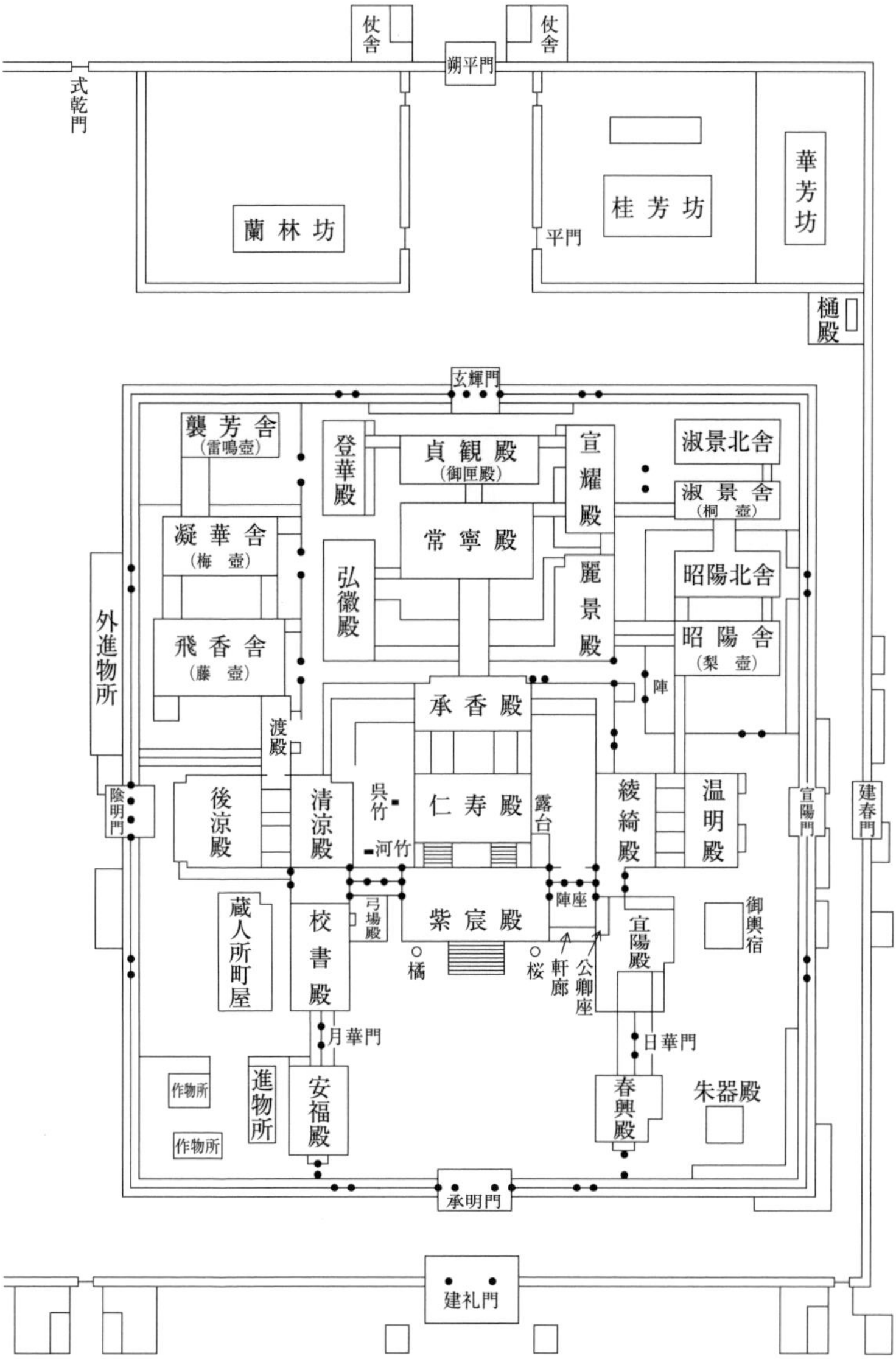


**内裏図**(『平安京提要』をもとに作成)

る種民主的というべきで、もし権力をもつ大臣が最初に発言したら結論は決まってしまうだろう。それを参議が整理して定文に記して奏上するが、意見の統一はせず、誰がどの意見をいったかわかるように記す。藤原行成が記した寛弘二(一〇〇五)年四月十四日の陣定定文が伝わっている(次ページ参照)。これは諸国申請雑事定の例で、大宰大弐《だざいのだいに》藤原高遠《たかとお》など四人の受領からの申請について公卿出席者一〇人が審議したもので、一二カ条のほとんどは「同前諸卿定め申して曰《い》はく」と全員一致の意見が記されているが、大宰府《だざいふ》申請の第二条だけは、出納《すいとう》諸司が当任の貢上物をもって往年の未進に越納するのを停止してほしいとの申請に対して、右大臣以下八人の公卿はよいのではないかといったが、左大臣道長と公任は却下すべきだと厳しい意見を述べ、異なる意見が並記されている。

最終決定にいたらず、最後は天皇や摂関・一上の判断で決まるので、参考意見にとどまり陣定の意味は小さいとする意見もある。しかしこうした手続きに大きな意味があり、実際に全員一致になればくつがえることはないだろう。公卿個人の意見が、つまり少数意見が尊重されるところが特色であろう。

**寛弘 2（1005）年 4 月14日　陣定復元図**（京都大学総合博物館）　手前の南座には左大臣道長，むかいの北座には大臣・納言，右の横切座には参議が着座。

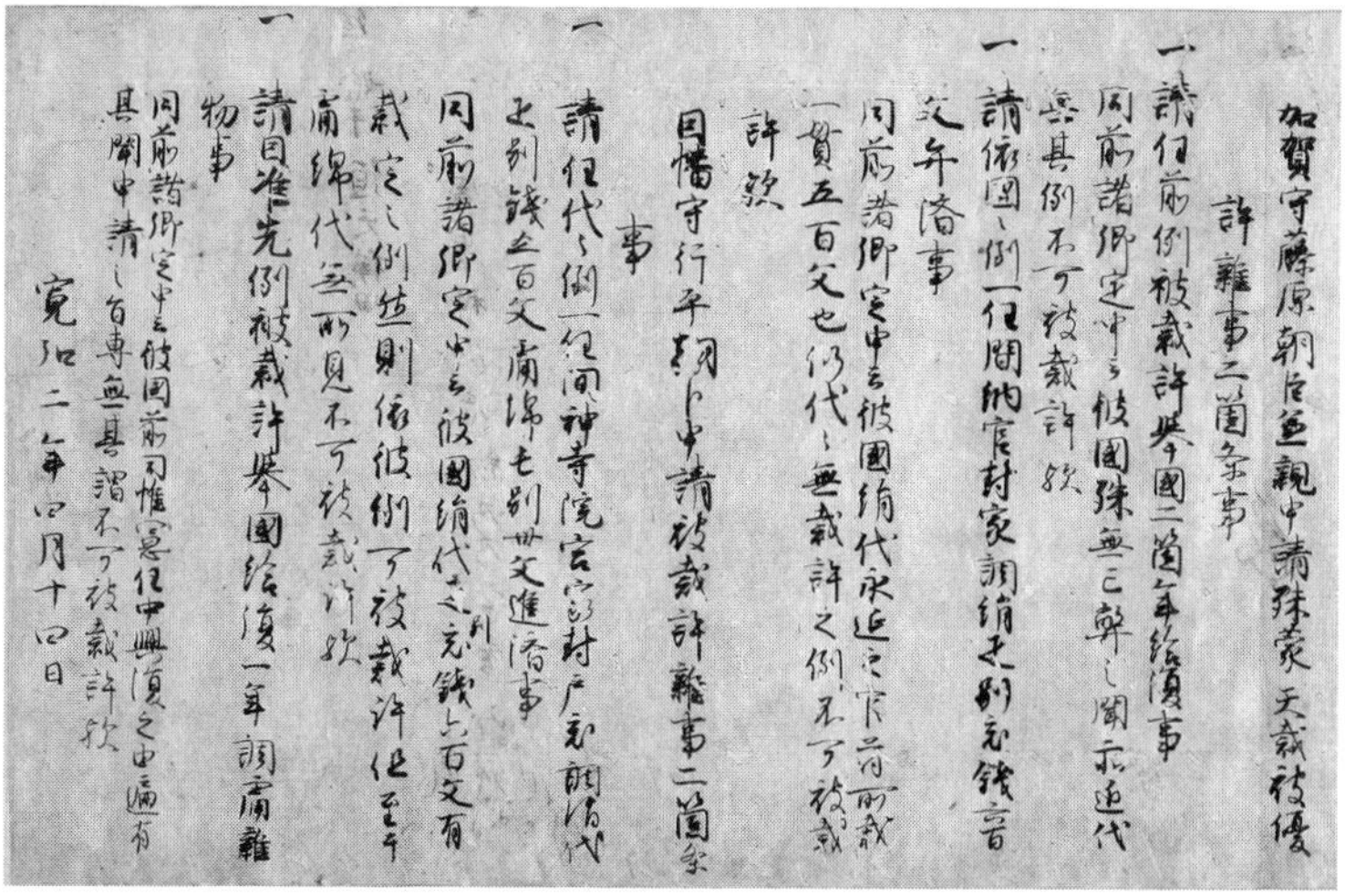

「**陣定定文案**」（藤原行成筆）　寛弘 2 年 4 月14日，加賀守・因幡守の申請部分。

流罪以上を科す時に行われる罪名定は、律令法で太政官が刑部省《ぎょうぶ》に覆審させ、その結果を論奏式《ろんそうしき》で天皇に奏上して罪が確定するという手続きを継承したものである。論奏式の前提にある太政官の合議が、陣定につながっているのである。長保《ちょうほ》二(一〇〇〇)年二月に姉の藤原詮子《せんし》から美濃国司《みのこくし》源為憲《ためのり》の職務停止を赦してやってほしいといわれた時、道長は「諸卿僉議《せんぎ》」によって決定すべきかといっている。寛弘八(一〇一一)年十二月に、三条天皇が即位により生母の故藤原超《ちょう》子《し》に皇太后号《こうたいごう》を贈り国忌《こき》・山陵をおこうとした時には、藤原行成は、国忌の廃置は「朝家の大事」で、「諸卿僉議」で是非を決すべきだと考えており、公卿議定が重要事項の決定に必要だという意識が共有されている(ともに『権記』)。

改元による新年号は、平安時代には文章博士《もんじょうはかせ》▲などの学者にいくつかの候補を出させて、それを公卿の陣定(改元定)で決め、これは近世まで行われた。三条天皇即位後の寛弘九(一〇一二)年十二月の改元定は、議論が詳しくわかり、しかも道長が思うように決められなかった例でもある。『小右記《しょうゆうき》』の逸文によると、この時文章博士が候補として「太初・政和・長和」を勘申《かんしん》し、諸卿はこのなかでは長和がよいと申し定め、道長は寛仁が「吉《よ》き年号」だが、儒者《じゅしゃ》の勘文《かんもん》▲がな

▼**文章博士**　大学寮紀伝道《きでんどう》の教官(令外官《りょうげのかん》)。漢文学および中国正史などの歴史学を教授した。天皇の侍読、紀伝勘文の上申、詩序の作成などを行った。菅原《すがわら》氏、大江氏、藤原氏が多くを占める。

▼**勘文**　必要な情報を調べて上申する文書。諸道の勘文としては、行事の日時を選ぶ日時勘文のほか、改元の際の年号勘文、犯罪の処理にかかわる明法《みょうぼう》勘文・罪名勘文などがある。

いのでどうしようかと発言したが、諸卿は博士の勘申がない以上定められないといい、長和がよいとして、奏上して用いられたとある。さらに改元定の前に道長は実資に対して、一条《いちじょう》天皇の時に大江匡衡《おおえのまさひら》▲が「寛仁・寛弘」を勘申した、その時寛仁がよかったが諱《いみな》（天皇の実名「懐仁《かねひと》」）を避けて寛弘にしたことがあり、文章博士にその時の勘文を探せといったのだがみつけられなかった、と語っている。このように道長は、不満はあったが改元定の制度に従い、みずからの主張はとおせなかったのである（このやりとりはあえてみずからの日記に記していない）。なお、このあと後一条天皇の年号に「寛仁」は用いられた。

　この改元定は、普通、平安時代の陣定の典型と考えられるのだが、吉江崇によれば古くから陣定によっていたのではないらしい。陣定での年号選定が連続してみえるのはこの長和改元以降であり、『西宮記《さいきゅうき》』では文章博士からの勘申に基づいて勅定《ちょくじょう》すると記し（巻十三、改年号）、応和《おうわ》四（九六四）年七月の康保《こうほ》改元では、村上《むらかみ》天皇は今回択《えら》ばれた文字は「頗《すこぶ》るもって不快」だとし、左大臣藤原実《さね》頼《より》に旧勘文を給い、「その吉きを定むべし」と命じている（『村上天皇御記』）。おそらく十世紀末から十一世紀初頭に、公卿全員が勘文を審議する改元定が定着

▼**大江匡衡**　九五二〜一〇一二。大江維時《これとき》孫、重光《しげみつ》男。永祚《えいそ》元（九八九）年文章博士、長徳《ちょうとく》四（九九八）年一条天皇の侍読《じとう》、正四位下《しょうしいげ》式部大輔《たいふ》にいたる。長保・寛弘の年号を勘申し、当代の名儒《めいじゅ》と称された。赤染衛門《あかぞめえもん》の夫。『江吏部集《ごうりほうしゅう》』がある。

したようで、道長の政権成立にそれほど先行するものではなかった。村上天皇の例と比べれば、天皇の主体性の後退は明らかだろう。

正暦《しょうりゃく》二(九九一)年九月、藤原詮子の出家により、院号、判官代《はんがんだい》・主典代《さかんだい》▲をどうするか、陣定で定め申すように仰せがあった。公卿は僉議し、先例もなく、「抑《そもそ》も御定《おんさだめ》在るべきの由」を定め申している(『小右記』)。陣定での公卿の意見が意味がない例にあげられるが、本来このような事案は勅定すべきだという意見は、公卿の無気力を示すわけではなく、これを公卿議定に委ねたことへの違和感を示しているのだろう。この時の摂政は藤原道隆《みちたか》であるが、そのもとで陣定の対象が拡大されたらしい。以降、院号定として陣定の議題となっていく。

▼**判官代・主典代**　上皇の家政機関である院庁《いんのちょう》では、長官である別当のもと、事務処理を扱う判官代(五位・六位)、文書・記録などにあたる主典代(六位)の職員(院司《いんのつかさ》)がおかれた。女院においても準用されておかれた。

### 受領の統制

受領に関する陣定としては、さきにあげた諸国申請雑事定がある。大宰府官人や受領が地方統治にかかわるさまざまな案件を中央に申請し、公卿が審査するのだが、寛弘二(一〇〇五)年四月の例では上野介《こうずけのすけ》からの申請二カ条が押領《おうりょう》使官符《しかんぷ》と随兵の許可、隣国の凶党が越境することの停止など治安関係であるのを除けば、給復《きゅうふく》（一年または二年分の調庸《ちょうよう》免除）、色代《しきたい》（貢納品目の変更）や銭納など財政上、つまり朝廷への納入と免除に関する申請がほとんどである。曽我良成によれば、十一世紀後半には諸国条事定として、新任国司が慣習的な申請を行い公卿が定める慣行が成立するが、逆にいえばそれ以前は実質的な申請と審査がなされたのである（「諸国条事定と国解慣行」）。新任の受領が申請し、何を納入し免除されるか、いわゆる請負額が確定するのだが、そこには公卿による陣定での審議が不可欠だった。

同じ意味で、内裏造営でどの殿舎《でんしゃ》や門をどの国に造営させるか（国充《くにあて》）も公卿の定により、これを造宮定という。村上天皇の天徳《てんとく》四（九六〇）年、平安遷都後初の内裏焼亡を受け、全国二七国に内裏の殿・舎・門の造営を割りあてたのが、造宮定の最初で、以後たびたび焼失したが造宮定で再建が行われた。なお造宮定は天皇御前で行われる御前定の代表とする考えがあるが、これは同時に造宮使《し》（行事）を大臣と天皇で定めるためで、受領の負担については公卿の定で決められたのである。寛弘二年十二月の造内裏定では、道長以下一二人の公卿が議して、費用を正税《しょうぜい》から支出せずに造営する国司《こくし》に対してのみ叙位《じょい》を行うことを決めた(『小右記』)。受領の造営負担の細かな条件も、公卿が定めている。

こうした前提をへて、任期終了後の受領の成績(財政上の項目)を審査する受領功過定が行われる。『御堂関白記』をみていくと、受領功過定の記述が多く、その重要性がうかがえる。受領自身が提出する功過申文▲と、主計寮《しゅけいりょう》大勘文▲・主税寮《しゅぜいりょう》大勘文▲・勘解由使《かげゆし》大勘文▲によって審査し(それ以外の項目も)、「無過」「合格」か「過」かを決定し、合格すれば勧賞として一階加階された(ふたたび受領に任命される可能性も出る)。

ここでは陣定としては例外的に公卿全員一致の結論が出るまで繰り返された。公卿一人が「過」と主張すればとおらないので、公卿個人の意見が意味をもった。長和三(一〇一四)年正月の功過定では、藤原行成が難じ、上卿の公任も同調し、結局十月になって左大臣道長の指示でとおった例もあり、審議が何年にもおよぶこともあった。逆に寛仁元(一〇一七)年八月の功過定では、信濃守《しなののかみ》藤原公則《きんのり》について問題があったのだが、前摂政道長の近習《きんじゅう》の者なので諸卿は発言せず、実資は「定有るに似たりといえども、還りて定無きが如し」と批判している(『小右記』九月一日条)。これは道長との関係で運用がゆがめられた例だが、実資の

▼**功過申文**　受領が任期終了後、功過定を受けるために提出する申文。公文《くもん》の勘済《かんさい》(問題がないこと)をはじめ、任期中の功績を列挙し、加階を求める。『朝野群載《ちょうやぐんさい》』巻二八に実例(中原師平《なかはらのもろひら》)を載せる。

▼**主計寮大勘文**　調庸惣返抄《ちょうようそうへんしょう》の前司任終年と当任三年分と雑米惣返抄をえたことを主計寮が確認する。

▼**主税寮大勘文**　正税帳《しょうぜいちょう》の勘会《かんかい》により正税返却帳、封租抄《ふそしょう》を四カ年受けたこと、新委《しんい》不動穀《ふどうこく》をふやしたことを主税寮が確認する。

▼**勘解由使大勘文**　勘解由使が国司交替時の正税・不動穀などの欠損量を勘申する。

もとにも多くの受領が問い合わせていて、権限をもつ公卿に対し、受領は奉仕し、私的な関係を結んでいた。

三勘文が揃うのは、天慶《てんぎょう》八(九四五)年であるが、十世紀後半に率分《りつぶん》▲、斎院《さいいん》禊祭料《けいさいりょう》▲など、功過定での審査項目をふやして、財源の確保をめざしていく。『御堂関白記』寛弘元(一〇〇四)年正月二十一日条で、道長は「勘解由使勘文神社仏寺条」を準備するように弁官に命じている。神社仏寺条とは、二年前の長保四(一〇〇二)年に一条天皇の勅《ちょく》を奉じ、道長がくだした宣旨で、受領の任期中に国分二寺《こくぶんにじ》と定額寺《じょうがくじ》、また部内の神社について、従来の破損分の一〇分の一、三を修造することを義務づけ、功過定で審査することにしたもので、道長が功過定の整備に意をそそいでいたことがわかる。中央政府による受領の統制あるいは勤務評定が、公卿による議定《ぎじょう》に委ねられたことが、摂関政治の特色であり、この時代の国家を支えた枠組みだった。

## 除目の奉仕

合議で決められないのが人事である。除目《じもく》など、清涼殿《せいりょうでん》で天皇と執筆《しゅひつ》の大

▼**率分**　調庸・中男作物《ちゅうなんさくもつ》などの一〇分の一、のちに一〇分の二を正蔵《しょうぞう》率分所に別納させる制度。天暦《てんりゃく》六(九五二)年に定められた。納入を確認する太政官破立《わたて》勘文が提出され、功過定で審査された。

▼**斎院禊祭料**　賀茂祭に先立つ斎院御禊《ごけい》および祭当日の料物《りょうもつ》。諸国から斎院に納入された。応和三(九六三)年に斎院禊祭料返抄が提出され、功過定で納入が審査された。

臣が決めて、執筆が任官者を大間書《おおまがき》▲に書き入れていく。形式的には天皇に最終的人事権があり、天皇の人事権はむしろ強化されたとの考え方もある。道長と一条天皇の信頼関係は厚く、ほぼ毎年除目の執筆をつとめた。寛弘二(一〇〇五)年正月二十二日に道長が辞退してほかの上卿にやらせてほしいと奏上したところ、翌日天皇から「除目必ず奉仕すべし、若《も》し参らざれば、行ふべきにあらず」といわれ、結局道長が行い、同四(一〇〇七)年正月にも同様なやりとりがなされた(『御堂関白記』)。嫌がらせではないだろう。

『御堂関白記』をみると、受領の任命(とくに臨時除目)が重視されている。右の寛弘二年の除目では「今年の除目、京官より初めて受領に至るまで、道理を行はる」とみずから満足の意を記している。寛弘八(一〇一一)年二月には道長は除目に不参したが(右大臣顕光が執筆)、一条天皇から御書《ごしょ》により受領の人事案が事前に伝えられ、「悉く道理にして難無し」との感想を伝えている。

では道長は恣意的に人事ができたのか。毎年の正月除目は、三日がかりで、長和二(一〇一三)年には「百七十一人」と総人数を記している(叙位では「三十五人」〈寛弘二年〉など)。大部分は下級の国司の任用で、目《さかん》や史生《ししょう》▲などは公卿の年

**▼大間書**　春・秋の除目での最重要文書。中央官から諸国、武官《ぶかん》にいたる順で、現在欠員になっている官職名が列挙され、空白が設けられる。執筆の大臣は任命者の位階《いかい》姓名を書き入れていき、終れば奏上される。

**▼目や史生**　国司の四等官《しとうかん》の目、およびその下の書記官である史生。公廨《くげ》(給与)の配分率により前者を二分《にぶ》、後者を一分《いちぶ》という。年給制度により院宮《いんぐう》や参議以上の公卿、内侍《ないし》などが申任権をもった。

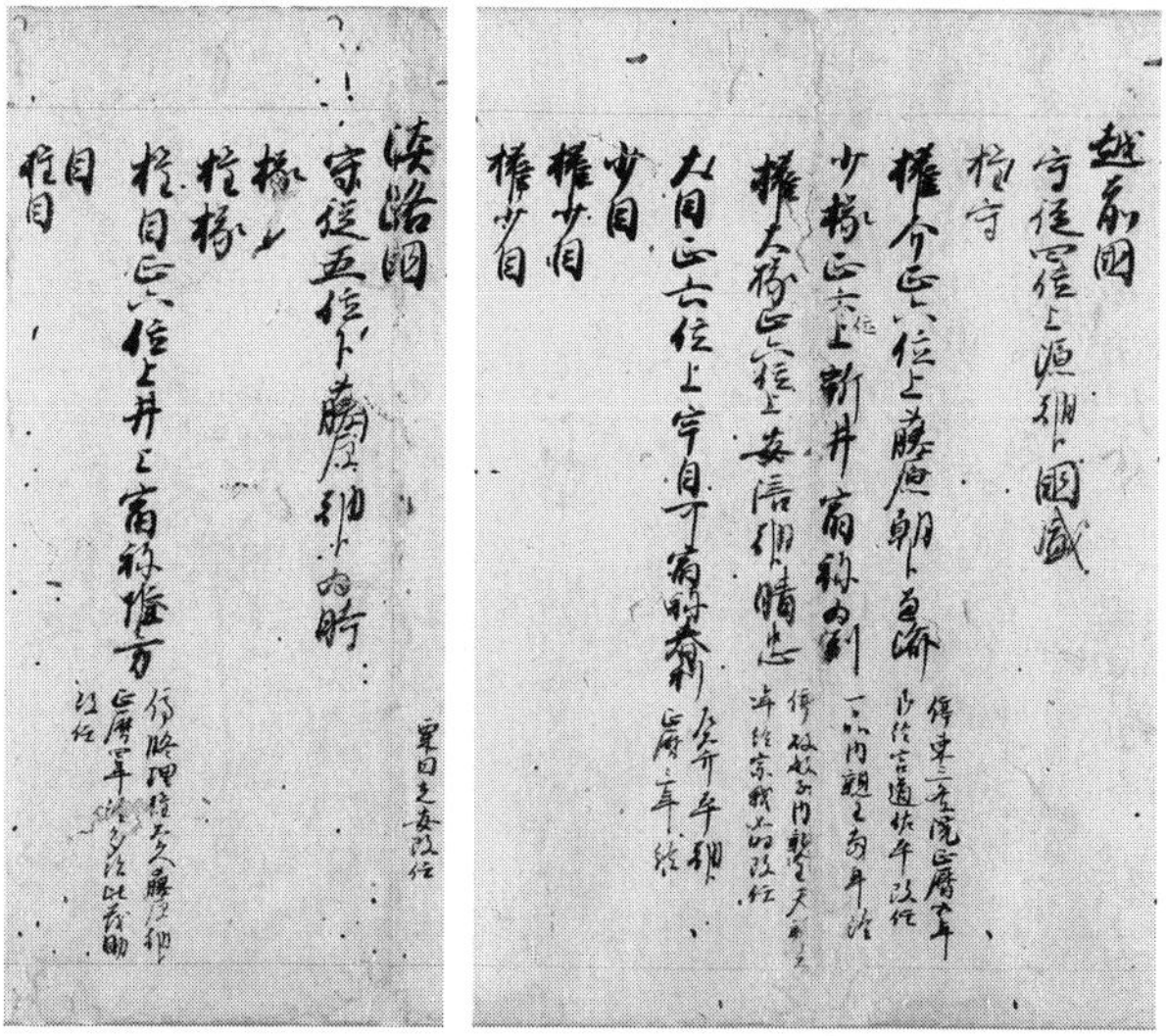

**大間書**　長徳 2 (996)年，右：越前国，左：淡路国。

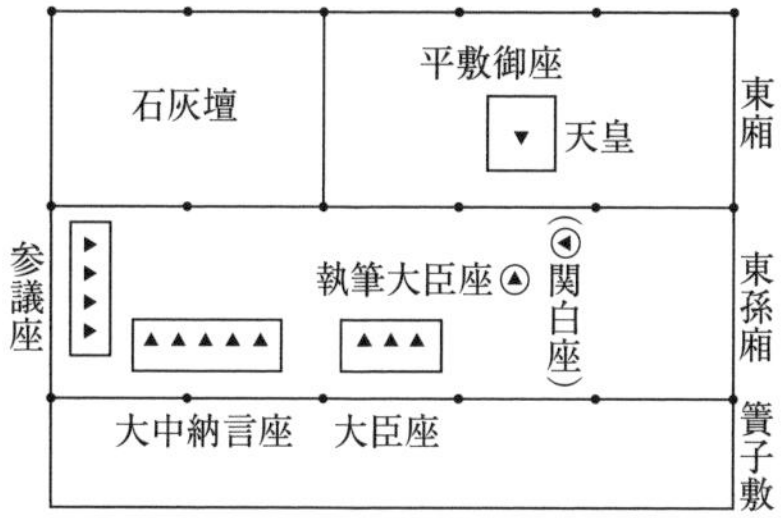


**清涼殿除目議の座席図**(『雲図抄』より作成)

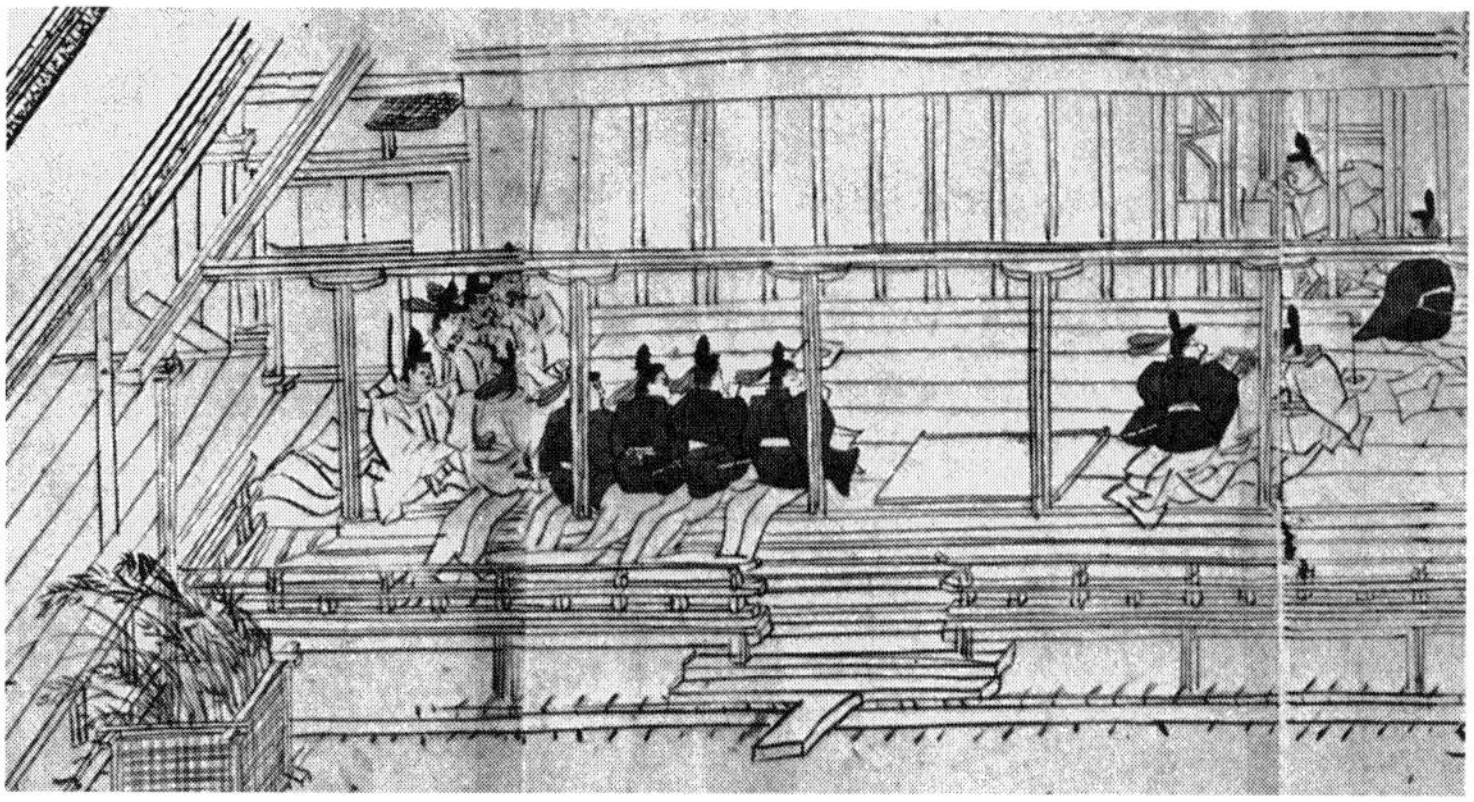

**叙位の図**(『年中行事絵巻』)

給の対象だが、全体を指揮したのだろう。受領については、「新叙」枠では、式《しき》部丞《ぶじょう》・民部丞《みんぶじょう》・外記・史・検非違使（顕官《けんかん》▲）および蔵人をつとめあげて五《ご》位《い》に叙された者が順に毎年任命されるので（ほかに院《いん》や女院の推薦枠がある）、誰が受領になれるかは事前に決まっていた。一方「旧吏」の枠（一、二人か）は、受領をつとめあげて功過定をとおった優秀な人が選ばれる。

受領の任命には公卿一人ひとりが推薦できた。これを受領挙《きょ》といい、玉井力の研究によれば、恒例除目では形骸化したが、死亡や病気で欠員が生じた時の臨時除目では大きな意味をもった。

寛弘三（一〇〇六）年十月二日の備後守《びんごのかみ》を任命する臨時除目では、『御堂関白記』に難解だが詳細な記述がある。公卿が推薦した結果（四人）に、一条天皇が厳しくチェックし、なぜ公卿は前回と異なる人を推したかを道長が説明している。最終的に旧吏であり数年来公卿の推挙を受けていた源政職《まさもと》が任じられたが、道長だけでなく他の公卿の意見も意味をもったことは注目される。

除目・叙位では、清涼殿昼御座《ひのおまし》に天皇が出御し、執筆の大臣以下ほとんどの公卿が孫廂《まごびさし》に列席して行われるが、この公卿の役割は何か。この場でしばしば

**▼顕官**　六位《ろくい》下級官人のうちとくに顕要《けんよう》とされた、太政官の外記・史、式部・民部両省の丞《じょう》、左右衛門府《えもんふ》の尉《じょう》をさす。彼らは巡任により叙爵され受領となる。顕官の欠員には希望者の申文のなかから公卿が推挙した。

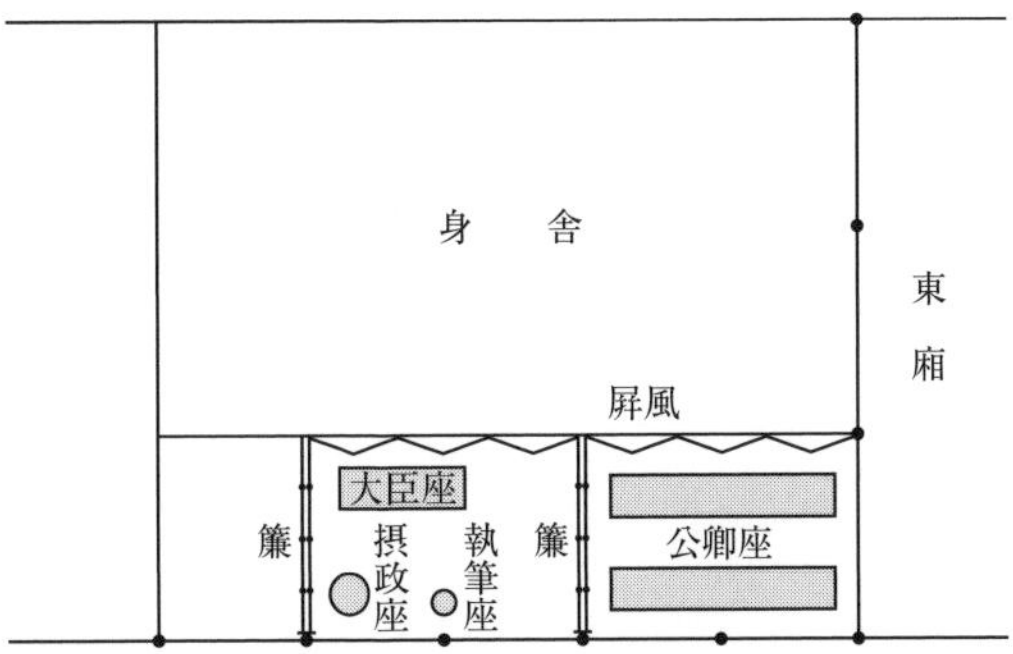


**長和四**（一〇一五）**年十月、道長直廬除目の配置図**（『御堂関白記全註釈』による）『中右記』天仁《てんにん》元（一一〇八）年十一月二十日叙位儀の図をもとに想定復元。

行われる受領功過定は完全な定であるし、受領挙、顕官挙（式部丞以下の任官候補者を公卿が推薦）もあるが、基本的には参列することで人事の公平性を保ち、同意したことになるのだろう。

除目中のやりとりがわかる貴重な記述が『御堂関白記』に残っている。寛弘三年正月二十八日条、伊勢守《いせのかみ》辞任にともなう受領人事で、一条天皇は平維衡《たいらのこれひら》（右大臣顕光が挙《きょ》した）を推す。これに対して道長は、「宜しからざる事なり、彼の国に事有る者なり、用ゐられざれ」（維衡は伊勢平氏《へいし》の祖で、伊勢に勢力をもっている）と反対し、さらに「諸卿衆人、奇《あや》しび申すこと希有なり」と公卿も反対し、本来人事権をもつ天皇の意向にもかかわらず闕官《けっかん》のままとし、任命を保留とした。「諸卿」の意向が影響力をもったことがわかる、まれな例である。

摂政となれば、天皇にかわって人事を行い、専制的な権力者のイメージがある。長和四（一〇一五）年十月二十七日、二十八日、三条天皇の病により准摂政となった道長は直廬《じきろ》で除目を行った。このうち二日目について藤原公任は「須《すべか》らく大納言達を近く招きて除目を議せらるべし。而《しか》るに独身《ひとりみ》に意に任せて補任する事、太《はなは》だ便ならず」と述べている（『小右記』）。この日は大臣が欠席だったので、大納言をもっと近くに呼んで相談すべきだったと批判している。道長は准摂政で人事権をもっているが、独断で決めるものではなく、参列公卿の同意のもとに正当性が保たれるということなのだろう。

以上のように、公卿の分担と合議を、一上と内覧として統括したのが道長の政治の特色だと考える。一上や内覧について古典的論文を記した山本信吉は、道長の権力は外戚《がいせき》を背景としただけでなく、「歴代の摂政・関白が経た政治制度に対する的確な理解が道長の政治権力を支える上で預《あずか》って大きかった」と述べているが(『摂関政治史論考』)、核心にふれているように思う。

道長は公卿連合による太政官政治の上に権力を築いた。公卿の合議は、日本古代国家の、大和《やまと》朝廷《ちょうてい》での「大夫《まえつきみ》の会議」以来の政治権力のあり方の特色である。律令制の伝統の到達点だとの評価もできるだろう。

## ⑤—道長の文化

### 道長の仏教信仰と美

藤原道長の仏教信仰、というより文化的貢献の最高峰は、出家後の無量寿《むりょうじゅ》院《いん》の造営と、それが発展した法成寺《ほうじょうじ》の造営である。家永三郎によれば、「法成寺とは（中略）、浄土変相《じょうどへんそう》の立体的表現を目標とし、あらゆる芸術部門を総動員して構成された美の一大体系であった」。この総合芸術は、長男頼通《よりみち》の建てた平等院《びょうどういん》において完成し、院政《いんせい》期に大きな影響をあたえた。

この時代は先例主義で何も生み出さなかったと考えられがちだが、道長の仏教信仰についていえば、多くのあらたな試みがなされ、独自性がある。木幡《こはた》の浄妙寺《じょうみょうじ》（現、宇治《うじ》市）は、一族の墓所に追善として法華堂《ほっけどう》を建てたものであるが、院政期以降、天皇家の葬堂としての法華堂の展開をもたらした。また法華《ほけ》経《きょう》信仰に関しては、道長はそれまであまり前例のなかった法華三十講を、長《ちょう》保《ほ》四（一〇〇二）年から毎年自邸で開催した。法華経八巻二十八品《ぼん》に開結《かいけつ》二経を加え講ずるもので、一カ月におよぶ大がかりな法会《ほうえ》である。南都《なんと》・天台《てんだい》の僧侶

**平等院鳳凰堂**（京都府宇治市）

**平等院鳳凰堂内陣と本尊阿弥陀如来像**（定朝作）

が問答を行う論義会《ろんぎえ》で、寛弘《かんこう》二(一〇〇五)年五月には学僧による立義《りゅうぎ》(試験)も行われ、両大臣を含む多くの公卿《くぎょう》が参列した。学問振興のための行事ともなり、『栄花物語《えいがものがたり》』「うたがひ」は道長が法華経を弘めたことを功徳《くどく》だと記し、毎年五月の法華三十講の意義を述べている。

寛弘四(一〇〇七)年の金峯山《きんぷせん》での埋経《まいきょう》についても、それ以前に先行する類例はなく、実はどこに起源があるのか、よくわからない。道長にならって金峯山に埋経した曽孫の師通《もろみち》へ受け継がれるが、院政期には浄土信仰と結びつき、全国各地に経塚《きょうづか》▲がつくられていくのである。

また最晩年の治安《ちあん》三(一〇二三)年十月には、道長は高野山《こうやさん》にのぼり、自筆の法華経一部と般若理趣経《はんにゃりしゅきょう》を弘法大師御廟《こうぼうだいしごびょう》前で供養《くよう》し、兜率天《とそつてん》浄土への往生《おうじょう》を願った。この高野山参詣は、頼通や師実《もろざね》の参詣へ継承され、院政期の高野山詣での盛行を招くのである。

無量寿院・法成寺造営に関係して、文化史のうえで道長のなした最大の貢献は、仏師《ぶっし》康尚《こうじょう》▲とその弟子の定朝《じょうちょう》▲の登用である。道長の庇護のもとで、「定朝様《よう》」が生まれたのである。法成寺金堂《こんどう》供養の二日後、定朝は法橋《ほっきょう》に叙せられ、

▼**経塚**　経典を主体に埋納したところ。もっとも古い確実な例は寛弘四(一〇〇七)年の道長の金峯山への埋納の例で、法華経などの経典が弥勒《みろく》が世に出るまで伝えられることを念じた。十一世紀以降、経塚の造営は急速に全国に広まった。

▼**康尚**　生没年未詳。定朝の師。宮中や比叡山《ひえいざん》での造仏にみえ、藤原氏に重用された。寛弘三(一〇〇六)年に法性寺《ほっしょうじ》の五大堂本尊をつくる(現存)。寛仁四(一〇二〇)年の無量寿院丈六九体阿弥陀如来像は定朝との合作といわれ、定朝様の基礎を築いた。

▼**定朝**　?〜一〇五七。日本彫刻史最高の仏師。師康尚とともに無量寿院の九体阿弥陀如来像をつくったのをはじめ、法成寺の造仏を主催し、治安二(一〇二二)年に法橋に叙され、法眼《ほうげん》に進んだ。尊容は満月のようだと評され、典雅・優美な定朝様を完成した。

**同聚院《どうじゅいん》不《ふ》動明《どうみょう》王《おう》像**（康尚作）　道長が寛弘三（一〇〇六）年に建立した法性寺五大堂の中尊だと考えられる。



仏師に僧位《そうい》があたえられるはじめての例となった。定朝作として唯一確実な平等院鳳凰堂《ほうおうどう》阿弥陀如来《あみだにょらい》像にみられるように、典雅・優美で気品にあふれた「定朝様」は、道長をはじめとする貴族《きぞく》層の美意識に支えられ、後世の規範となったのである。しかし仏像には眼や胸に張りがあり、光背《こうはい》の飛天《ひてん》や天蓋《てんがい》の壮麗さなど、天平《てんぴょう》彫刻を思わせる部分がある。

最近の研究によれば、定朝様の成立の背景には、古典学習、七世紀末から八世紀にかけてつくられた仏像への学びがあるとされる。定朝の師の康尚は、古像の模刻をしていた。それは南都大安寺《なんとだいあんじ》に安置される、天智《てんじ》天皇が発願《ほつがん》した乾《かん》漆丈六釈迦《しつじょうろくしゃか》如来像で、平安《へいあん》時代には高い名声をえていた。康尚や定朝は、初《しょ》唐《とう》様式の影響を受けた七世紀後半から八世紀前半の日本の仏像に学びながら、みずからの作風を形成し、古典的と呼ぶべき美を生み出したのである。

道長はまた、寛仁《かんにん》三（一〇一九）年九月に東大寺《とうだいじ》で受戒《じゅかい》する際に、東大寺勅封《ちょくふう》御倉《みくら》の鍵を奈良まで取りよせ、正倉院宝物《しょうそういんほうもつ》を拝観している。何を見たのかは不明だが、『栄花物語』には造営中の無量寿院の荘厳の参考にするために、宝物を披見したと記されている。道長が正倉院宝物の披見、および東大寺・興福寺《こうふくじ》の大伽藍《だいがらん》の巡礼により、それにならい乗りこえようと法成寺の大伽藍に取り組んだとすれば、彼の美意識のなかには「天平復古《ふっこ》」があった可能性があるだろう。

## 「道長の王権」

法成寺などを中心に、上島享は、仏教・神祇《じんぎ》など宗教的側面から院政の王権のあり方の始まりを道長に求める「道長の王権」という議論をしている。太政《だいじょう》大臣辞任後の道長は、天皇にはならないものの、仏法《ぶっぽう》の護持者として国王になったと論ずる（『日本中世社会の形成と王権』）。

法成寺は、道長個人の往生を求める阿弥陀堂建立《こんりゅう》に始まったが、金色の丈六七仏薬師《しちぶつやくし》・六観音《ろくかんのん》がおかれた薬師堂は、「七道諸国の除災」「六道衆生《りくどうしゅじょう》の抜苦《ばっく》」を祈って万寿《まんじゅ》元（一〇二四）年に造立《ぞうりゅう》された（『扶桑略記《ふそうりゃっき》』）。「帝王」たる道長は、国家の安泰を願うとともに、自身の安穏《あんのん》や往生を願ったのである。また法成寺は天台系寺院だと考えられがちだが、その三綱《さんごう》▲には天台僧のみならず興福寺僧も存在し、法成寺での最重要な法会である法成寺御八講《ごはっこう》（道長の周忌法会）では、天台僧だけでなく南都・真言《しんごん》僧も参加し、道長邸での法華三十講を継承してい

▼**三綱**　寺内の僧尼を統括し、寺院の庶務を行う僧職。上座《じょうざ》・寺主《じしゅ》・都維那《ついな》の三者。法成寺には執行《しゅぎょう》・検校《けんぎょう》・別当《べっとう》のもと三綱がおかれていた。

る。道長は南都のみならず諸寺院をみずからのもとにおこうとした。こうした性格は、国王として鎮護《ちんご》国家を祈り、同時にみずからの往生を祈願する円宗寺《えんしゅうじ》▲(後三条《ごさんじょう》天皇)、法勝寺《ほっしょうじ》▲(白河《しらかわ》天皇)へと継承される。また釈迦堂には、丈六釈迦・十大弟子・八部衆像のほかに一〇〇体の等身釈迦像がおかれ、得長寿院《とくちょうじゅいん》・蓮華王院《れんげおういん》など院政期の千体群像彫刻の先駆けとなった。

『大鏡《おおかがみ》』では、後一条《ごいちじょう》天皇の春日行幸《かすがぎょうこう》▲(治安元〈一〇二一〉年十月)に付き従った道長を、「民《たみ》百姓」は、

「転輪聖王《てんりんじょうおう》などはかくや」と、光るやうにおはしますに、仏見たてまつりたらむやうに、額に手を当てて拝みまどふさま、ことわりなり。

と、転輪聖王(世界を統御する大王)として拝んだとし、『大鏡』は道長を国王だと描いている(実際には道長は同行していない)。

寛仁三(一〇一九)年七月に発願した九体阿弥陀堂の造営では、一間《けん》ずつ諸国受領《ずりょう》に割りあて、基壇などは公卿・受領・諸大夫《しょだいぶ》に対して人夫を出させ、仏壇の造営では、公卿以下、雑人・雑女までもが手ずから土を持ち木を運んだ。ここに道長が公卿・受領から道俗《どうぞく》・貴賤すべてに負担を課す、「道長の王権」が示

▼**円宗寺**　仁和寺《にんなじ》西南方にあった寺院。延久《えんきゅう》二(一〇七〇)年後三条天皇の勅《ちょく》で建立。天台宗北京《ほっきょう》三会《さんえ》のうち最勝会《さいしょうえ》と法華会《ほっけえ》を行った。四円寺《しえんじ》の一つ。

▼**法勝寺**　白河《しらかわ》天皇の御願《ごがん》の寺院で、京都白河の地に承暦《じょうりゃく》元(一〇七七)年落慶法要《らっけいほうよう》された。北京三会のうち大乗会《だいじょうえ》が行われた。永保《えいほ》三(一〇八三)年には八角九重塔《はっかくくじゅうとう》が完成した。六勝寺《ろくしょうじ》の一つ。

▼**春日行幸**　春日社は大和国添上《そえかみ》郡の藤原氏の氏神《うじがみ》。一条天皇の行幸がはじめての例で、兼家《かねいえ》と詮子《せんし》の強い意向で永祚《えいそ》元(九八九)年に行われた。三条天皇の行幸は実現せず、後一条天皇行幸は治安元(一〇二一)年に行われた。

▼上達部役　上達部は公卿をさす。公卿に割りあてられる役のこと。

されていると上島は論じている。

道長が主従制的原理により私的奉仕を制度化したとするが、これに対しては佐藤泰弘による批判がある。道長だけでなく実資《さねすけ》も、公卿を上達部役《かんだちめ》▲として奉仕させる例もあり、社会編成は多元化されていて、道長の支配は制度化されたものではないとする。阿弥陀堂の受領への割りあてについて、摂政《せっしょう》は「甘心《かんしん》せず」であった(『小右記《しょうゆうき》』)。国家財政に対立するのだろう。寛仁二(一〇一八)年六月、土御門第《つちみかどてい》造営においても、寝殿《しんでん》を一間ごとに受領に割りあてた。道長が太政大臣を辞して無官となった四カ月後のことで、やはり公私混淆である。

仏教を中心とする「道長の王権」論は、『栄花物語』「おむがく」「たまのうてな」が詳しく描く、法成寺造営における道長晩年の評価にも通じていて、ある程度当時の共通理解であろう。しかし文化的な「王権」だというなら、道長の前半生を視野に入れ、仏教に限らないもっと広い側面を検討する必要があるだろう。

## 文学と漢詩と宴

道長の歴史的意義について、目崎徳衛は文化史研究の立場から、一に文化的業績の卓抜にあると述べ、大文化指導者であり、仏教文化の外護者《げごしゃ》としてのほか、作文《さくもん》・和歌《わか》などの文芸、後宮《こうきゅう》・私第《してい》を場とする宴飲などのハレとケの中間的領域において文化的創造に貢献したと評価する（「藤原道長における和歌」）。

そもそも一条《いちじょう》天皇の中宮《ちゅうぐう》彰子《しょうし》の後宮に、高度な文化サロンを設けたこと自体が文化的なパトロン活動である。『紫式部日記《むらさきしきぶにっき》』は寛弘五（一〇〇八）年九月の敦成《あつひら》親王の誕生記が全体の三分の二におよび、文学的だが仮名《かな》による詳細な記録であり、これは道長が紫式部に命じて、彰子の出産の記録を執筆させた蓋然性が高い。またこの年十一月には、彰子の前で紫式部中心に物語の冊子（写本）づくりが行われ、道長が「薄様」（料紙）や「筆墨」「御硯」を用意したことも記される。この冊子は執筆が進められている『源氏物語《げんじものがたり》』と考えられ、道長がその価値を認め、その流布を後援していたことがわかる。王朝《おうちょう》文学の発展に貢献したことはいうまでもない。

道長自身は漢詩《かんし》の作詠にきわめて熱心で、一条朝の漢文学の興隆には大きな貢献をした。藤原伊周《これちか》や紀斉名《きのただな》▲、大江匡衡《おおえのまさひら》などが代表的な漢詩人としてあげられ、内裏《だいり》で詩会が催されただけでなく、長保・寛弘年間（九九九〜一〇一二）に

▼**紀斉名**　九五七〜九九九。詩文家、本姓田口《たぐち》だが、のち紀氏に改めた。対策に及第し、長徳《ちょうとく》年間（九九五〜九九九）に大内記《だいないき》、式部少輔《しきぶのしょう》、従五位上《じゅごいのじょう》にのぼった。平安前期から一条天皇にいたる漢詩を集めた『扶桑集《ふそうしゅう》』を編んだ。

は道長邸で頻繁に私的な詩会《しかい》（作文という）が開かれた。寛弘二（一〇〇五）年三月晦《つごもり》に、道長邸で作文が行われた。「三月尽《さんげつじん》」（三月末に往く春を惜しむ）は白居易《はくきょい》の詩に多い趣向である。この時の伊周の作は「上下涕泣《ていきゅう》、主人感歎す」と参会者の感動を呼んだ（『小右記』四月二日条）。「春帰りて駐《とどま》らず惜しめども禁じ難し」で始まる七言律詩《しちごんりっし》で、最後の聯《れん》▲に「年月推し遷《うつ》りて齢《よわ》ひ漸《ようや》く老いぬ　余生は只だ恩を憶《おも》ふの心有らくのみ」とある（『本朝麗藻《ほんちょうれいそう》』▲）。伊周はみずからの過去の年月を思い、道長への恩を思い、満座の涙を誘ったのである。

寛弘元（一〇〇四）年十月に「乗方朝臣《あきまさあそん》、集注文選《しっちゅうもんぜん》ならびに元白集《げんはくしゅう》持ち来たる。感悦極まり無し。是れ聞こえ有るの書等なり」と『御堂関白記《みどうかんぱくき》』に記す。乗方は故左大臣源重信《みなもとのしげのぶ》の息（妻倫子《りんし》の従兄弟）で、『元白集』（元稹《げんしん》集と白居易集）と『文選集注』▲を譲り受け、「感悦」している。道長がかねて強くほしかった書物だったのだろう。ほかにも多くの漢籍（日本人による漢文も含む）が道長に献上されていて、道長のもとにはおびただしい数の蔵書があった。こうした書籍蒐集と幅広い学問的関心が、道長自身の漢詩の作詠の基礎にあり、また道長の集めた漢籍の流通によって同族の藤原氏にも学問の便宜がはかられ、「起家《きか》」（新興の儒家

▼**聯**　対になるものの意味だが、八句からなる律詩では、一・二句などの各対を聯と呼ぶ。最初から順に首《しゅ》聯・頷《がん》聯・頸《けい》聯・尾《び》聯と呼び、頷聯と頸聯は対句とする。

▼**『本朝麗藻』**　漢詩文集、二巻（一部欠）。高階積善《たかしなのもりよし》撰、寛弘七（一〇一〇）年成立か。円融《えんゆう》から一条天皇の時代の漢詩一五〇、詩序一四を伝える（現存部分）。川口久雄ほか編『本朝麗藻簡注』（勉誠社）がある。

▼**『文選集注』**　『文選』は六世紀梁　昭明太子《りょうしょうめいたいし》編の中国最古の詩文集。日本でも詩文の模範とされた。『文選集注』は、編者未詳だが、唐《とう》代《だい》に諸注を総合したもので、わが国にのみ二十数巻伝存する（金沢文庫・東洋文庫蔵、国宝）。平安中期の写本で、道長の所有だった可能性がある。

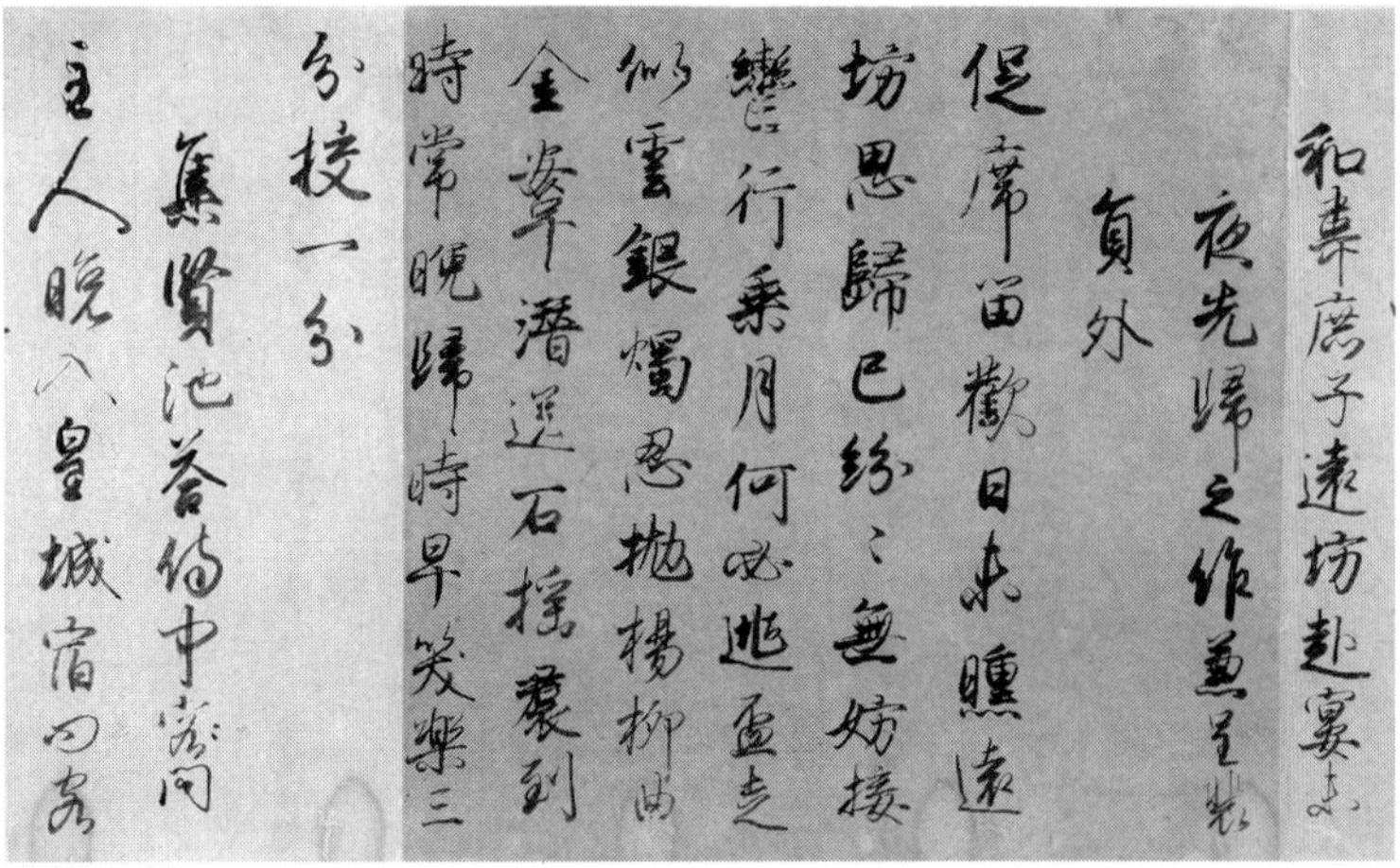

『白氏詩巻《はくししかん》』(藤原行成筆)

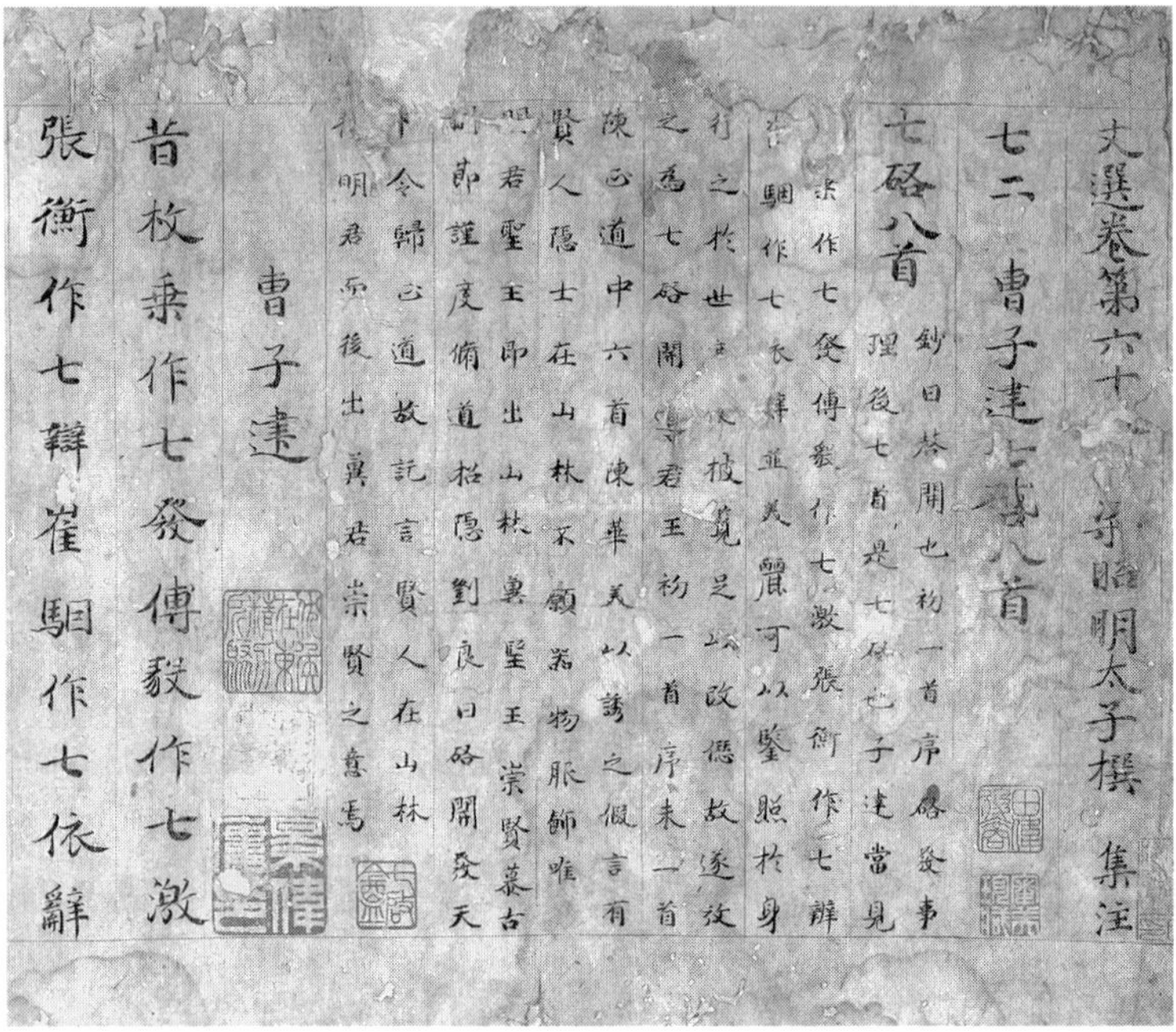

『文選集注』

をさす)が起きてくる。北家日野流《ほっけひの》の藤原広業《ひろなり》▲・資業《すけなり》▲、式家《しきけ》の藤原明衡《あきひら》▲などが登場し、日本漢文学の最高の達成といえる『本朝文粋《ほんちょうもんずい》』が生まれた。

『御堂関白記』は、三行おきの暦の余白に書かれるので、あまり長い記事は書けない。続きを紙背《しはい》に記し(裏書《うらがき》という)、詳しく記した文化記事を拾うと、仏教行事のほかに、大規模な詩会かつ宴会がある。寛弘三(一〇〇六)年三月四日の東三条第《ひがしさんじょうてい》(里内裏《さとだいり》)での花宴《はなのえん》、同四(一〇〇七)年四月二十五・二十六日の内裏密宴は、『御堂関白記』中で異例ともいえる裏書にまでおよぶたいへん長い記事がある。

『源氏物語』絵合《えあわせ》巻で光源氏《ひかるげんじ》は、「さるべき節会《せちえ》などにも、この御時よりと、末の人の言ひ伝ふべき例《ためし》を添へむと思し」(のちの先例になればと思い)と述べているが、まさに道長自身、のちの例になるようにきわめて詳しい記録を残したのである。この寛弘三年の花宴は東三条第寝殿で開催されたが、天皇の居所としての里内裏であり、寝殿は南殿《なでん》(内裏正殿《せいでん》紫宸殿《ししんでん》の別称)ということになり、久方ぶりの南殿での花宴が復活したことになる。花宴とは、天皇・王卿《おうけい》・文人が座に着き、酒饌を王卿・文人に賜い、献盃、文人が詩を献じ、儒者《じゅしゃ》が講詩を行

**▼藤原広業**　九七六～一〇二八。藤原有国《ありくに》男。秀才、文章博士《もんじょうはかせ》、式部大輔《たいふ》などをへて寛仁四(一〇二〇)年参議《さんぎ》。道長の上表文《じょうひょうぶん》などの作成もつとめ、伊予介《いよのすけ》、播磨守《はりまのかみ》など受領も歴任した。弟資業とともに大学西曹《せいそう》藤家(日野流)の祖。

**▼藤原資業**　九八八～一〇七〇。藤原有国男。式部丞《しきぶじょう》、蔵人《くろうど》、右《う》少弁《しょうべん》などをへて、長和《ちょうわ》五(一〇一六)年文章博士、式部大輔など。道長の諷誦文《ふじゅもん》、呪願文《じゅがんもん》などの作成にあたる。永承《えいしょう》六(一〇五一)年出家し日野に隠棲し、法界寺《ほうかいじ》を建立した。

**▼藤原明衡**　九八九～一〇六六。式家宇合《うまかい》の後裔、敦信《あつのぶ》男。父の業を継ぎ漢学に精通したが、儒家でないため官位は進まず、長元《ちょうげん》五(一〇三二)年にようやく対策に及第、文章博士・東宮学士《とうぐうがくし》などを歴任した。『本朝文粋』の編纂をはじめ、『新猿楽記《しんさるがくき》』『明衡往来《めいごうおうらい》』を記した。

い、王卿侍臣が管弦唱歌《かんげんしょうか》、賜禄《しろく》という式次第である。しかしこの時は、このあと新造一条院へ遷御《せんぎょ》することもあり、また道長の邸宅ということもあり、天皇の御帳《みちょう》のすぐ東に「中宮御在所《ございしょ》」がおかれ、障子《しょうじ》の北に「女方候所《にょうぼうこうしょ》」があり、中宮彰子と女房（天皇付きと中宮付きか）が参加したことが道長の創意であり特色である。節会にしろ宴にしろ、本来、天皇中心の男性官人の行事なので、中宮や女房の参加はきわめて異例だった。

『源氏物語』花宴巻では、「二月二十日あまり、南殿の桜の宴せさせたまふ」とし、桐壺《きりつぼ》帝の左右に中宮（藤壺《ふじつぼ》）と東宮《とうぐう》がならび、さらに弘徽殿女御《こきでんのにょうご》も参列している。『源氏物語』の準拠論については多くの議論があるが、延喜《えんぎ》・延長《えんちょう》の聖代を再現しているようでありながら、この「花宴」は、山中裕が指摘するように、寛弘三年の花宴、つまり道長が一条天皇の代に実現した王権儀礼のあり方をふまえているのである（『平安朝文学の史的研究』）。作者の紫式部は、直接か間接か、参加していたのだろう。

寛弘元年十一月三日条には、内裏での羹次《あつものついで》が記されている。これは内裏清《せい》涼殿《りょうでん》と後涼殿《こうろうでん》に地火炉《じかろ》（囲炉裏《いろり》）を設置して行われた一種の鍋パーティーで、

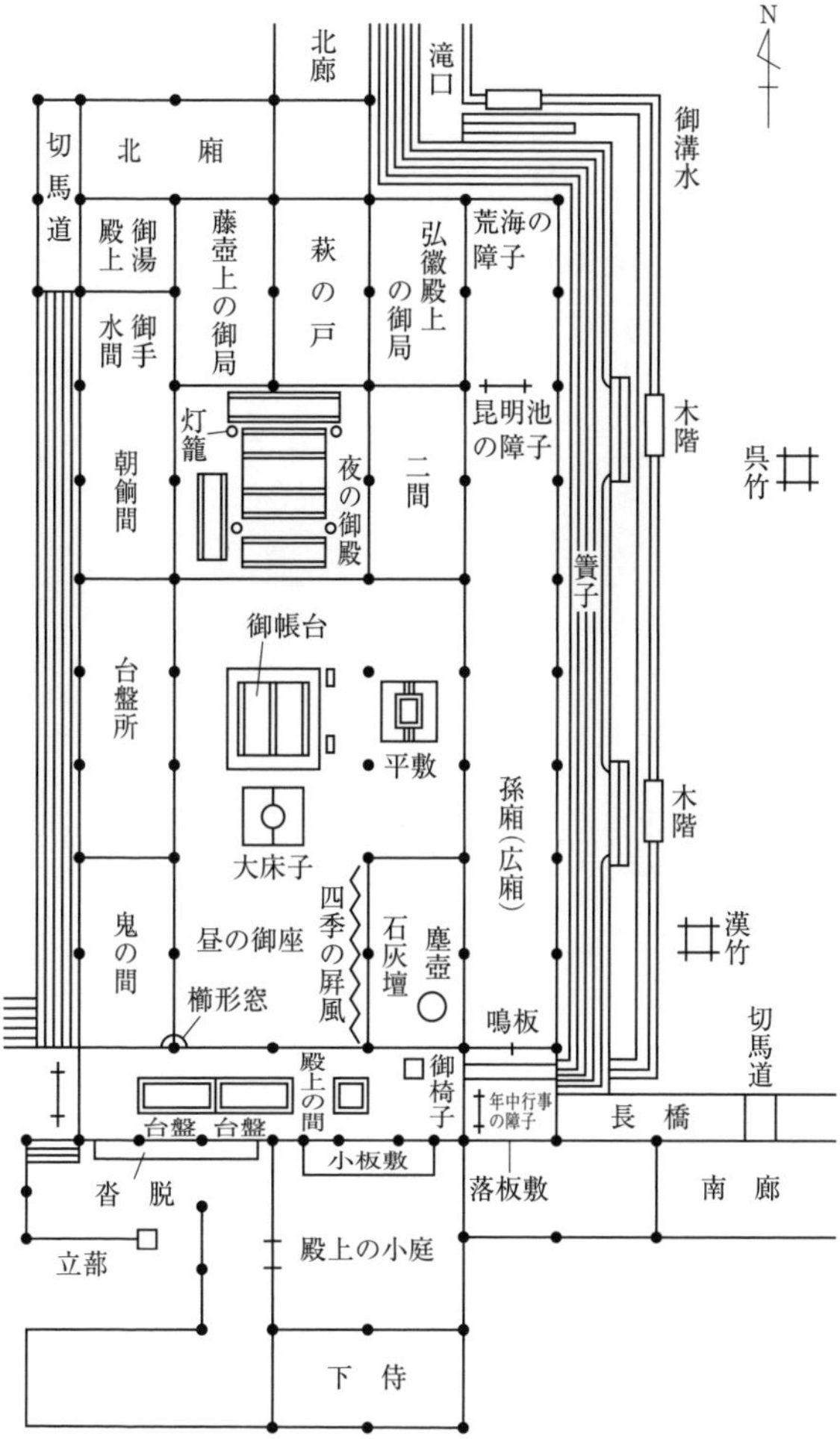
N
北廊
滝口
御溝水
切馬道
北　廂
御湯殿上
藤壺上の御局
萩の戸
弘徽殿上の御局
荒海の障子
御手水間
灯籠
夜の御殿
二間
昆明池の障子
朝餉間
木階
呉竹
簀子
御帳台
台盤所
平敷
大床子
孫廂（広廂）
木階
四季の屏風
漢竹
鬼の間
昼の御座
石灰壇
塵壺
櫛形窓
鳴板
切馬道
殿上の間
御椅子
年中行事の障子
台盤
台盤
長　橋
小板敷
沓　脱
落板敷
南　廊
立蔀
殿上の小庭
下　侍

清涼殿図

公卿一人が当番となって料理をつくるという、寛弘年間(一〇〇四〜一二)に特徴的な行事である(同年十月十日の羹次は、鎌倉《かまくら》時代の『古事談《こじだん》』〈巻一―二八〉で一条朝の遊宴として詳しく伝えられている)。この時、一条天皇は酩酊して中宮彰子のもとに渡り、公卿・殿上人《てんじょうびと》も付き従い、酒盃がめぐり歌笛があった。そこには彰子付きの女房も参加しただろう。一条天皇と道長の時代の後宮・女房を含めた宮廷文化の雰囲気をよく示している。

## 和歌と屏風歌

目崎徳衛は、道長は、漢詩については真剣に詩作に励んだのに対して、和歌は宴飲たけなわの酔余の即興であったとする。しかしそれを契機にして、とっさに機知を発揮する必要から和泉《いずみ》式部・紫式部以下の女房歌人が道長政権期に輩出したと評価している。

この評価は道長自身のよんだ和歌を対象としているのだろう。『御堂関白記』には、藤原公任《きんとう》との和歌の贈答をみずから記している。公任は、当代一の文化人で、和歌にも漢詩にも優れ、『和漢朗詠集《わかんろうえいしゅう》』▲を編み、勅撰集《ちょくせんしゅう》『拾遺《しゅうい》和歌集』▲

▼**『和漢朗詠集』**　藤原公任が撰した王朝の詞華集。上下二巻。中国の漢詩文の秀句、本朝漢詩文の秀句、和歌あわせて八〇四を集める。寛弘八、九(一〇一一、一二)年頃の成立か。和漢並列とあわせて、当時の貴族社会の美意識をうつしだし、後世の美の規範となった。

▼**『拾遺和歌集』**　三番目の勅撰集、二〇巻。寛弘二〜四(一〇〇五〜〇七)年頃、花山院の撰。先行して長徳二〜四(九九六〜九九八)年頃藤原公任が撰した『拾遺抄』一〇巻(五九〇首ほど)があり、それをすべて取り込み増補する形で『拾遺和歌集』(一三五一首)は成立していて、公任と花山院の合作といえる。

は花山院《かざんいん》との合作である。この公任とのやりとりだから記録したのだろう。

寛弘元(一〇〇四)年二月、一三歳の藤原頼通が春日祭使《かすがさいし》となった春日祭《まつり》当日条の裏書である。

六日、雪深し。早朝左衛門督《さえもんのかみ》(公任)のもとにかく言ひやる。「若菜摘む春日のはらに雪降れば　心づかひを今日さへぞやる」。返り、「身をつみておぼつかなきは雪やまぬ　春日のはらの若菜なりけり」。(原文自筆本は仮名《かな》)

摂関家《せっかんけ》嫡子の華麗なデビューの場で、父道長は子の難儀を思う歌をよみ、公任は案ずる父親の気持ちをよむ、美しい唱和である。さらに花山院からも和歌が贈られ、道長は返歌《へんか》をした。この歌のやりとりは、『栄花物語』「はつはな」にも記され、『後拾遺集』に入集した。道長は、一応、勅撰集入集の歌人である。ただし和歌については、道長によってより公的な性格をもつようになったことに注目すべきだろう。それが屏風歌《びょうぶうた》の作成である。

長保元(九九九)年十一月、道長の長女彰子の入内《じゅだい》の折に四尺の倭絵《やまとえ》屏風がつくられた。『栄花物語』「かがやく藤壺」の冒頭に記され、女房たちにとっても大イベントだったのだろう。大和絵《やまとえ》の第一人者として有名な飛鳥部常則《あすかべのつねのり》▲による絵

▼**飛鳥部常則**　十世紀半ば、村上《むらかみ》天皇の頃の宮廷画家。『源氏物語』には、常則の宇津保《うつほ》物語絵は「いまめかしうおかしげ」と評される。長保元(九九九)年の道長の彰子入内倭絵屏風は「故常則絵」とあり没年の下限となる。

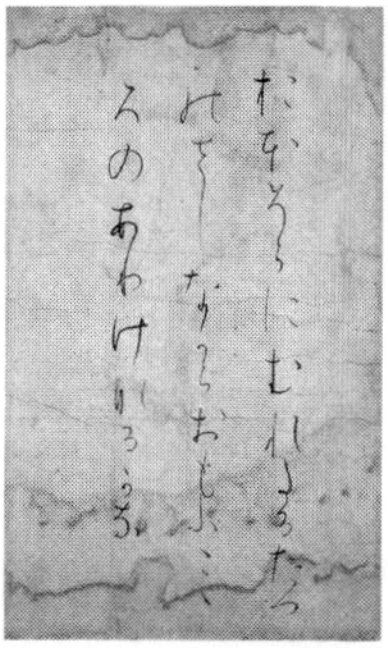

「**蓬萊切**《ほうらいぎれ》(『拾遺抄』)」(伝藤原行成筆)

**大臣大饗の図**（『年中行事絵巻』）

**▼藤原輔尹**　?〜一〇二一。藤原興方《おきかた》男。秀才、大学助《すけ》をへて、蔵人式部丞、寛弘年間（一〇〇四〜一〇一二）に右少弁・左少弁。寛弘四（一〇〇七）年の内裏密宴に名がみえ、詩才がたたえられるが、歌人としても認められていた。

で、道長はこの屏風のために多くの人びとに作歌を依頼し、花山院をはじめ、藤原公任・藤原斉信《ただのぶ》・源俊賢《としかた》・藤原高遠《たかとお》などの公卿層が和歌をたてまつり、道長が撰定したのである。それを和様《わよう》書道を完成させた藤原行成《ゆきなり》が、色紙形に清書したのである。この時、藤の花が咲いた絵のところに公任がよんだ歌。

　紫の雲とぞ見ゆる藤の花　いかなる宿のしるしなるらむ

（紫雲がたなびいているかとみえる藤の花は、どれほどめでたい家の瑞祥として、
　咲いているのだろうか）

色彩もあざやかに、将来の立后《りっこう》もみとおして言祝《ことほ》いだ秀歌で、公任の代表作である（『拾遺集』に入集）。記念碑的文化事業として、高位の公卿層に歌を求め、和歌が公的なあるいは政治的な性格を強めたことに意味がある。もっとも藤原実資は、公卿が左府《さふ》（左大臣）の命で和歌を献じるとは聞いたことがない、花山法皇《ほうおう》にいたっては論外だと批判している（『小右記』十月二十八日条）。

　さらに記念碑的なのは、寛仁元（一〇一七）年に内《ない》大臣、摂政となった藤原頼通が、翌年正月に開催した大臣大饗《たいきょう》のためにつくられた四尺倭絵屏風で、この時は和歌だけでなく漢詩も献じられた。参会した公卿（公任と斉信）とともに和

歌と漢詩を撰定し、行成が色紙形を清書したことが『御堂関白記』に記されている。『栄花物語』「ゆふしで」に詳しい記事があり、和歌は八〇首提出されたが厳選されたとし、藤原輔尹《すけただ》▲・道長・和泉式部・大中臣輔親《おおなかとみのすけちか》▲の和歌を載せ、ほかに四条大納言《しじょうだいなごん》(公任)が二首たてまつっている。この時は専門歌人がよんだようだが、女房歌人の歌がこのような公的なモニュメントに取り上げられたことが注目できる。漢詩は、斉信・公任の両才人のほか、藤原広業・為時法師《ためときほうし》(紫式部の父)などが献じたことが知られる。

## 大嘗祭御禊と大嘗会和歌

神祇祭祀《さいし》が、賀茂祭《かものまつり》の斎院《さいいん》の御禊《ごけい》や天皇の諸社行幸の行列のように、はなやかなパフォーマンスという色合いが強まるのがこの時代の特色である。賀茂・石清水《いわしみず》▲の両社行幸に加え、平野《ひらの》▲・春日・大原野《おおはらの》など一代一度の神社行幸が盛んになるのは、一条天皇から後一条天皇の頃である。『大鏡』に後一条天皇春日行幸を民衆が見物するようすを記している(前掲)。

現在まで続く、もっとも重要な代替わりの祭祀が大嘗祭《だいじょうさい》であり、卜定《ぼくじょう》され

▼**大中臣輔親**　九五四〜一〇三八。祭主能宣《さいしゅよしのぶ》男。文章生《もんじょうしょう》をへて、長保三(一〇〇一)年伊勢神宮祭主、正三位《しょうさんみ》神祇伯《じんぎはく》にいたる。神事の家に生まれた重代の歌人。道長・頼通に重用され、三条・後一条・後朱《ごす》雀《ざく》の大嘗会和歌を献じた。娘に彰子に仕えた歌人の伊勢大輔《たいふ》がいる。

▼**石清水八幡宮**　山城国綴喜《つづき》郡、誉田《こんだ》別尊《わけのみこと》などを祭神とする皇室の守護神。天元《てんげん》二(九七九)年円融天皇が御願により行幸したのをはじめとし、一条天皇以降は、即位後大嘗祭の翌年に賀茂社とともに行幸することを例とした。

▼**平野神社**　山城国葛野《かどの》郡、桓《かん》武《む》天皇母高野新笠《たかののにいがさ》の祖先がまつられる今木《いまき》・久度神《くどがみ》などを祭神とする皇室の守護神。円融天皇の天元四(九八一)年以後、行幸が行われ、一条天皇が寛弘元(一〇〇四)年、後一条天皇は治安二(一〇二二)年に行幸した。

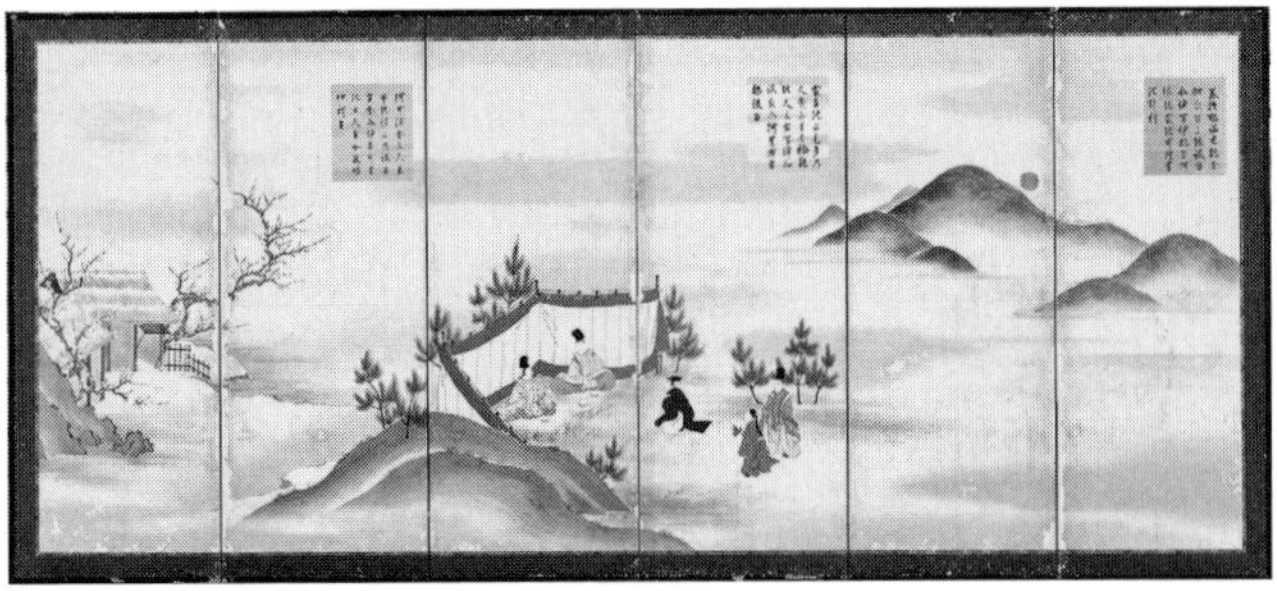

祭に用いられた屏風。右が悠紀屏風。



た悠紀《ゆき》・主基《すき》両国が献じた新穀を、天皇が神とともに食することを中心とする神事で、日本全土の天皇への服属を確認する儀礼である。しかし『栄花物語』をみると、大嘗祭は御禊に関する記述が中心になっている。

御禊とは、十月下旬に天皇が川上(鴨河《かもがわ》)に行幸して祭りに先立ちミソギを行う儀式で、儀容を整えた行列のなかで、女御代《だい》の存在に注目が集まってくる。女御代とは、本来幼少の天皇に女御のかわりとして供奉《ぐぶ》する女性であり、御禊自体には関与せず、儀式のなかではとくに役割はない。ところが三条天皇の長《ちょう》和《わ》元(一〇一二)年閏《うるう》十月の大嘗祭御禊で、道長の娘威子《いし》が女御代となって、以後大臣の娘をあてる慣例となるのである。『栄花物語』「ひかげのかづら」は、女御代の車二〇両が用意され、うち彰子から三両、中宮妍子《けんし》から三両が出され、それらは屋形をつくって檜皮《ひわだ》をふき、唐土《もろこし》の船の形にしたり、女房の衣装は誰もが一五枚を重ねるなど、「過ぎにし方はいはじ、今行く末もいかでかかることは、と見えたり」と描いている。『御堂関白記』当日条にはこの時の装束や車のようす、行列のさまを異例といえるほど詳しく記し(『大日本古記録』で三〇行弱)、「風流詞をもって云ふべきにあらず、未だ見ざる所なり。目耀き心迷ふ、

**悠紀・主基屏風**(土佐光貞《とさみつさだ》筆)　明和《めいわ》元(1764)年，後桜町《ごさくらまち》天皇の大嘗

書き記すべきにあらず」と自画自賛している。

大嘗祭自体についても、同様の意味で和歌に注目する必要がある。風俗歌とは、本来は悠紀・主基国の歌人・歌女がその地方の民謡に近い国風《くにぶり》を天皇に献上する服属儀礼であり、「風俗歌舞を奏す」などと記録されていた。それがやがて土着性を失い、地名だけを参照して中央の歌人に作歌させるようになり、文化的な営みへ変質していく。

『栄花物語』「ひかげのかづら」に、作者の大中臣輔親、源兼澄《かねずみ》を紹介したうえで、三条天皇の大嘗会風俗歌、悠紀方・主基方各一〇首を丁寧に記す。風俗歌はそれぞれ稲春歌《いねつきうた》―神楽歌《かぐらうた》―辰日《たつのひ》四首―巳日《みのひ》四首の一〇首で構成されるが、このように整然とした和歌群がつくられたのは、三条天皇の時以降らしい。

もう一つ大嘗会屏風歌という和歌を記した四尺屏風は三条天皇の時にはじめてつくられたものらしい。大嘗祭にはもともと悠紀・主基屏風という五尺唐絵《からえ》本文《ほんぶん》屏風が天皇御帳のまわりに立てられており、儒者二人が漢文のなかから佳句を選定し、名筆が色紙形を書写していた。その横に、おそらく三条天皇の時から、大和絵で色紙形に和歌を記した四尺和歌屏風六帖を左右にあらたに加えて立てるようになった。

『栄花物語』「たまのむらぎく」には、後一条天皇の大嘗会〈長和五〈一〇一六〉年十一月〉について、悠紀方・主基方の風俗歌二首〈慶滋為政《よししげのためまさ》▲・菅原資忠《すがわらののりただ》〈正しくは藤原義忠《よしただ》▲〉〉と屏風歌三首〈作者は同じ〉をあげている。大嘗会屏風和歌は、この時以降、本文屏風との関連か、歌人の一人は儒者があたるという故実《こじつ》がつくられた〈『御堂関白記』によれば悠紀方は大中臣輔親がよんだ〉。さらに「このたびの御即位・御禊・大嘗会などのほどの事ども、すべて数知らずめづらし。やむごとなくて年中行事《ねんじゅうぎょうじ》の御障子にも書き添へられたる事ども、いと多くなむあなる」と記す。「年中行事障子」は、清涼殿の殿上《てんじょう》の間《ま》の手前に立てられ、年中行事と臨時行事を列挙した障子で、朝廷の規範となったが、それが改訂されるほどの新たな文化的営みがなされたと評価している。大嘗会屏風の創始は、道長の時代の和漢併列という趣向を示すのであるが、道長政権が和歌など女性を含む文化を、大嘗会など歴史の表舞台に取り込んでいった例といえるだろう。後宮社会では大嘗会和歌が評判になったようで、文化の基盤を広げたのである。

▼**慶滋為政**　生没年未詳。賀茂《かもの》保章《やすあき》男〈慶滋と改姓〉、保胤《やすたね》の甥。式部少輔、文章博士を歴任。儒者だが、和歌もよみ、万寿《まんじゅ》元〈一〇二四〉年の「高陽院駒競《かやのいんこまくらべ》行幸後宴和歌序」を草した。

▼**藤原義忠**　?～一〇四一。藤原為文《ためふみ》男。大内記《だいないき》、式部少輔《しきぶのしょう》として働き、敦良《あつなが》親王〈後朱雀《ごすざく》〉の東宮《とうぐう》学士《がくし》。頼通摂政大饗屏風に漢詩をよみ、長暦《ちょうりゃく》の年号勘申にあたった。

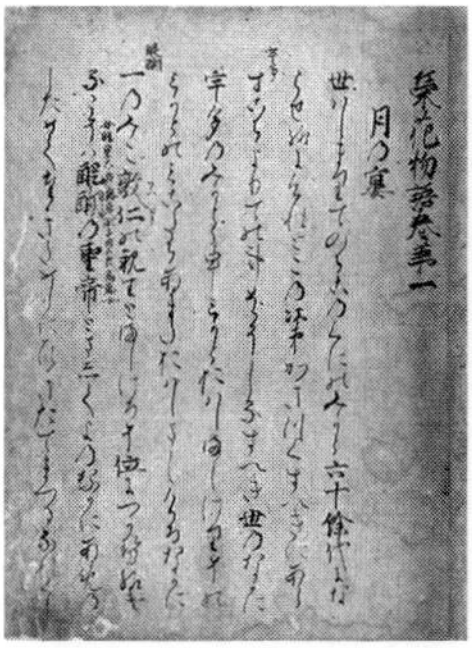
『栄花物語』写本（巻第一、冒頭）

## おわりに——『栄花物語』と『御堂関白記』

道長の一生を追い、政治的な面と文化的な面で道長の果たした役割を考えてみた。道長は、外戚《がいせき》関係に基づき、政変や陰謀で専制的に権力を行使したと考えられがちだが、実際には摂関《せっかん》に就いたことはほとんどなく、公卿《くぎょう》の分担と合議を、一上《いちのかみ》と内覧《ないらん》として統括したのが政治の特色だと考えた。

文化面では、仏教信仰上の独自の貢献が大きく、法華経《ほけきょう》を広め、法成寺《ほうじょうじ》を造営し、仏教美術の進展にも貢献した。しかし仏教だけではない大文化指導者であり、漢文学の興隆に寄与し、私邸での作文《さくもん》、内裏《だいり》での詩会を盛んに行ったほか、屏風歌《びょうぶうた》や大嘗会和歌《だいじょうえわか》など和歌の公的位置を高め、大嘗会御禊《ごけい》のように女御代《にょうごだい》と女房《にょうぼう》たちの行事参加を進めた。道長が執筆を後援した『源氏物語《げんじものがたり》』は

**陽明文庫第二書庫**

▼**『栄花物語』**　刊本は『新編日本古典文学全集』所収（校注・訳、山中裕・秋山虔・池田尚隆・福長進）。



日本文学の古典だろうが、ほかにも藤原公任《きんとう》が編んだ『和漢朗詠集《わかんろうえいしゅう》』、藤原行成《ゆきなり》が完成させた和様《わよう》書道、定朝《じょうちょう》による仏像彫刻など、後世に規範とされる日本の古典文化が道長の時代につくられたのである。

ここで藤原道長を主人公として、歴史上はじめて仮名《かな》で書かれた歴史物語『栄花物語《えいがものがたり》』▲について、すでに何度も引用してきたが考えてみたい。正篇（巻一—三〇）と続篇（巻三一—四〇）とに分けられ、正篇は道長死去の翌年万寿《まんじゅ》五（一〇二八）年まで記述するが、その成立は長元《ちょうげん》二〜六（一〇二九〜三三）年とするのが通説である。また作者には道長の妻倫子《りんし》および上東門院《じょうとうもんいん》彰子《しょうし》に仕えた赤染衛《あかぞめえ》門《もん》をあてる説が有力だが、道長の二女妍子《けんし》あるいはその娘禎子《ていし》内親王《ないしんのう》に仕える女房を想定する説もある。材料としては、彰子出産の場面の『紫式部日記《むらさきしきぶにっき》』がほぼそのまま利用されていることから、女房たちが記した日記や記録が中心となってまとめられたと考えられる。いずれにしても、道長死後わずか数年のうちに、道長周辺の赤染衛門をはじめとする女房によってまとめられたのである。後宮《こうきゅう》に仕える女房たちにとって、道長の存在がいかに大きかったかを物語っているだろう。宮廷《きゅうてい》文化の基盤を後宮世界に拡大したところに「道長の王権」を読みとることもできる。

最後に、道長自身の日記にふれておこう。『御堂関白記《みどうかんぱくき》』▲は、自筆本一四巻と古写本一六巻が陽明文庫《ようめいぶんこ》▲に伝来し、世界記憶遺産(世界の記憶)に登録されている。一〇〇〇年前の自筆本が伝えられていることも奇跡的だが、古写本も道長の孫の藤原師実《もろざね》の時に作成されたもので(一部は師実自身の筆だとされる)、近衛《このえ》家《け》▲に大切に保管されてきた。約半分が自筆であるのは、鎌倉《かまくら》時代初期に摂関家が近衛家と九条家《くじょうけ》に分立した時に、自筆本一セットと古写本一セットを半分ずつに分けあったからだと考えられている。

自筆本は、具注暦《ぐちゅうれき》という、三行ごとに日の干支《かんし》や吉凶《きっきょう》を書いた暦で、各二行の空白部に日記を記したものである。御暦奏《ごりゃくのそう》といって毎年十一月一日に暦《れき》博士《はかせ》が翌年の暦をつくり、天皇に奏上《そうじょう》する儀式が行われる。この時同時に東宮《とうぐう》や諸司に頒暦がなされる。道長が日記を記した具注暦は、かつては頒暦そのものと考えられていたが、暦博士や陰陽師《おんみょうじ》に料紙《りょうし》を渡して一年を春夏と秋冬の二巻とする間明き二行の具注暦をつくらせたと考えられる(十一月一日の日付と暦博士の官位姓名が記されている)。

▼**『御堂関白記』**　刊本は『大日本古記録』所収。現代語訳として倉本一宏『藤原道長「御堂関白記」全現代語訳』上・中・下(講談社学術文庫)がある。

▼**陽明文庫**　近衛家に伝わった文書・典籍《てんせき》・什器《じゅうき》などを収蔵する文庫。京都市右京《うきょう》区宇多野上ノ谷町《うたのかみのたにちょう》に所在。昭和十三(一九三八)年に近衛文麿《ふみまろ》が現在地に書庫二棟と付属施設一棟を建設し、分散していたものを集めた。

▼**近衛家**　五摂家《ごせっけ》の一つ。摂関・藤氏長者《とうしちょうじゃ》は道長の子孫に定着したが、五世孫の藤原忠通《ただみち》のあと、保元《ほげん》三(一一五八)年に嫡男基実《もとざね》が関白に、治承《ちしょう》三(一一七九)年その嫡男基通《もとみち》が関白になるが、源頼朝《みなもとのよりとも》は基実の弟兼実《かねざね》を推し、文治《ぶんじ》二(一一八六)年に摂政《せっしょう》に就き、基通の近衛、兼実の九条の二流分立が定まった。

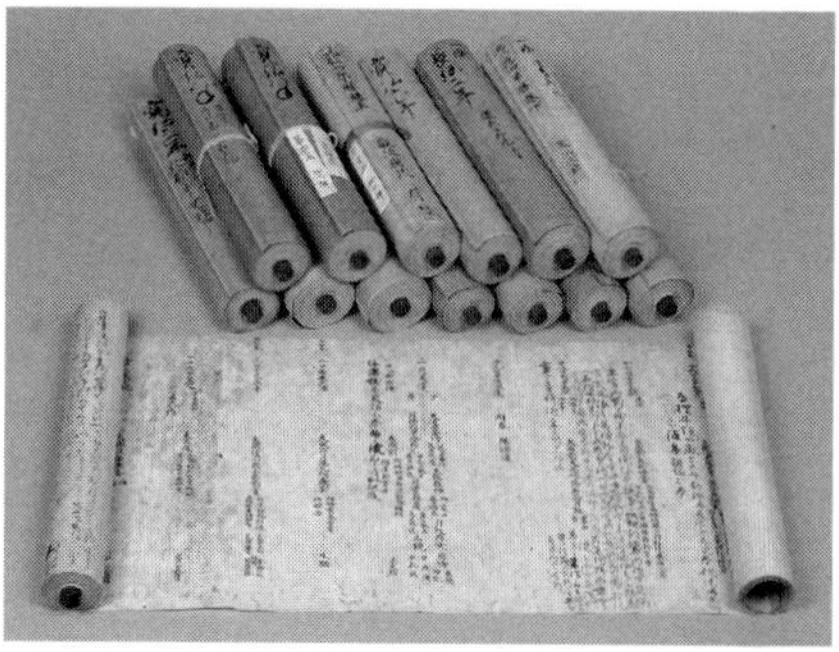

『御堂関白記』自筆本



長徳《ちょうとく》元(九九五)年にいくつかの記事を記したのが『御堂御記抄《ぎょきしょう》』として伝わるが、同四(九九八)年下巻が具注暦に記した初めである(わずか四日分のみ)。ついで長保《ちょうほ》元(九九九)年、同二(一〇〇〇)年と日記が記されるが、同二年七月以降は残っていない。この年道長は四月から大病をわずらい日記を記していない。この年の下巻以降、長保五(一〇〇三)年まで日記が伝存していないが、もともと日記を記していなかったと考えられる。

寛弘《かんこう》元(一〇〇四)年に、嫡男頼通《よりみち》が昇殿を許されたことからか、道長は三年半ぶりに日記を記しはじめ、以後連続して日記を残す。道長は寛仁《かんにん》三(一〇一九)年三月二十一日に出家する。『御堂関白記』にはその三月十七日までは詳細な記事があるが、以後は寛仁四(一〇二〇)年までにもわずかな記事があるだけで、翌治安《ちあん》元(一〇二一)年には、九月一日条の「念仏を初む、十一万遍」など、五日まで念仏の回数が書かれているだけである。道長の日記は出家とともに終ったというべきで、官人《かんじん》として公事《くじ》を記録し、子孫に先例を伝えるという貴族《きぞく》の日記の本質が読みとれる。

このうち長和《ちょうわ》三(一〇一四)年上下巻一年分の記事だけを欠いている。『入道殿《にゅうどうどの》御暦目録《ごりやくもくろく》』には「三年、本《もと》より欠か。目録に載せず」とあり、早くから失われていたらしい。この年は三条《さんじょう》天皇との対立が深刻化し、道長が兄道綱《みちつな》と退位の要求をした。不適切な記述が多く、道長自身の意志で破却したのではないかというのが倉本一宏の推測である（『藤原道長「御堂関白記」を読む』）。

しかしこの一年分を除けば、おそらく道長自身が記した日記のほとんどすべてが伝わっていることになる。奇跡といえるのではないだろうか。

玉井力「『受領挙』について」「受領巡任について」「十・十一世紀の日本」『平安時代の貴族と天皇』岩波書店, 2000年(初出1980, 1981, 1995年)
土田直鎮『日本の歴史5　王朝の貴族』中央公論社, 1965年, 中公文庫改版2004年
土田直鎮「摂関政治に関する二三の疑問」「上卿について」「平安時代の政務と儀式」『奈良平安時代史研究』吉川弘文館, 1992年(初出1961, 1962, 1974年)
橋本義彦「貴族政権の政治構造」『平安貴族』平凡社, 2020年(初出1976年)
古瀬奈津子「摂関政治成立の歴史的意義」『日本史研究』463, 2001年
古瀬奈津子『摂関政治』(シリーズ日本古代史6)岩波新書, 2011年
増記隆介「正倉院から蓮華王院宝蔵へ」『天皇の美術史』1, 吉川弘文館, 2018年
丸山裕美子『清少納言と紫式部』(日本史リブレット人)山川出版社, 2015年
美川圭『公卿会議』中公新書, 2018年
美川圭「摂関政治と陣定」『立命館文学』660, 2019年
目崎徳衛「藤原道長における和歌」山中裕編『摂関時代と古記録』吉川弘文館, 1991年
山中裕『歴史物語成立序説』東京大学出版会, 1962年
山中裕『平安朝文学の史的研究』吉川弘文館, 1974年
山中裕『藤原道長』(人物叢書)吉川弘文館, 2008年
山中裕編『御堂関白記全註釈』全16巻, 思文閣出版, 1985〜2012年
山本淳子「藤原道長の和歌『この世をば』新釈の試み」『国語国文』87-8, 2018年
山本信吉『摂関政治史論考』吉川弘文館, 2003年
吉江崇「陣定の成立に見る公卿議定の変容」『ヒストリア』278, 2020年
吉川真司「摂関政治の転成」『律令官僚制の研究』塙書房, 1998年(初出1995年)

**写真所蔵・提供者一覧**(敬称略,五十音順)

延暦寺　p. 48
九州国立博物館・ColBase(https://colbase.nich.go.jp/)　p. 91
金峯神社・京都国立博物館　カバー裏(上)
金峯神社・奈良国立博物館　カバー裏(下)
宮内庁京都事務所　p. 39, 56
国立歴史民俗博物館　p. 35
個人蔵　p. 59下
五大堂同聚院・アフロ　p. 74
五島美術館　p. 85
浄瑠璃寺・木津川市観光協会　p. 47上
田中家　p. 53上, 67下, 86
天川村　p. 32
東京国立博物館・Image:TNM Image Archives　p. 80上, 88・89
東洋文庫　p. 67上, 80下
平等院　p. 72上・下
藤田美術館　カバー表
陽明文庫　扉, p. 92, 94

## 参考文献

飯沼清子「寛弘年間の道長と元白集」『源氏物語と漢世界』新典社，2018年（初出1988年）
家永三郎「法成寺の創建」『上代仏教思想史研究』法蔵館，1966年
上島享『日本中世社会の形成と王権』名古屋大学出版会，2010年
海上貴彦「大殿の政務参加」『古代文化』70-2，2018年
梅村恵子「摂関期の正妻」青木和夫先生還暦記念会編『日本古代の政治と文化』吉川弘文館，1987年
大津透「受領功過定覚書」『律令国家支配構造の研究』岩波書店，1993年（初出1989年）
大津透「道長の時代の一側面」『新編日本古典文学全集』31月報，小学館，1995年
大津透「摂関期の陣定」『山梨大学教育学部研究報告』46，1996年
大津透「摂関期の律令法」『山梨大学教育学部研究報告』47，1997年
大津透「権記」山中裕ほか編『歴史物語講座７　歴史と文化』風間書房，1998年
大津透『道長と宮廷社会』（日本の歴史06）講談社，2001年，講談社学術文庫，2009年
大津透「摂関期の国家構造」「平安中後期の国家論のために」『日本古代史を学ぶ』岩波書店，2009年（初出1996，2006年）
大津透「節会と宴」山中裕編『歴史のなかの源氏物語』思文閣出版，2011年
大津透「財政の再編と宮廷社会」『岩波講座　日本歴史』５，岩波書店，2015年
大津透編『摂関期の国家と社会』（史学会シンポジウム叢書）山川出版社，2016年
大津透・池田尚隆編『藤原道長事典』思文閣出版，2017年
朧谷寿『藤原道長』ミネルヴァ書房，2007年
木村由美子「栄花物語の成立と作者」『歴史物語講座２　栄花物語』風間書房，1997年
倉本一宏「摂関期の政権構造」「一条朝の公卿議定」『摂関政治と王朝貴族』吉川弘文館，2000年（初出1991，1987年）
倉本一宏『三条天皇』ミネルヴァ書房，2010年
倉本一宏『藤原道長の日常生活』講談社現代新書，2013年
倉本一宏『藤原道長の権力と欲望』文春新書，2013年
倉本一宏『藤原道長「御堂関白記」を読む』講談社選書メチエ，2013年
倉本一宏『藤原伊周・隆家』ミネルヴァ書房，2017年
黒須友里江「摂政・関白と太政官政務」『摂関期の国家と社会』（前掲），2016年
今正秀「藤原頼通執政初期の権力構造」和田律子・久下裕利編『平安後期頼通文化世界を考える』武蔵野書院，2016年
佐々木恵介『天皇の歴史03　天皇と摂政・関白』講談社，2011年，講談社学術文庫，2018年
佐藤道生「藤原道長の漢籍蒐集」佐藤道生編『名だたる蔵書家，隠れた蔵書家』慶応大学文学部，2010年
佐藤泰弘「反転する平安時代史」『古代文化』65-1，2013年
皿井舞「平安時代の天皇と造像」『天皇の美術史』１，吉川弘文館，2018年
清水擴『平安時代仏教建築史の研究』中央公論美術出版，1992年
曽我良成「太政官政務の処理手続」「諸国条事定と国解慣行」『王朝国家政務の研究』吉川弘文館，2012年（初出1987，1979年）

## 藤原道長とその時代

| 西暦 | 年号 | 齢 | おもな事項 |
|---|---|---|---|
| 966 | 康保3 | 1 | 誕生(父藤原兼家・母藤原中正女時姫) |
| 987 | 永延元 | 22 | *12-16* 源雅信女，倫子と結婚 |
| 988 | 2 | 23 | *1-29* 権中納言となる。この年源高明女，明子と結婚 |
| 990 | 正暦元 | 25 | *5-* 道隆関白，摂政。*10-5* 定子立后，中宮大夫となる |
| 991 | 2 | 26 | *2-12* 円融法皇没。*9-7* 権大納言となる。*9-16* 詮子出家，東三条院と号す |
| 995 | 長徳元 | 30 | *4-10* 道隆死去。*4-27* 道兼関白，左大将となる。*5-8* 道兼死去。*5-11* 内覧宣旨下る。*6-19* 右大臣，氏長者となる |
| 996 | 2 | 31 | *1-* 伊周・隆家，花山法皇を射る。*4-24* 伊周・隆家流罪。*5-1* 定子出家。*7-20* 左大臣，正二位となる。 |
| 998 | 4 | 33 | *3-* 病のため上表，出家の意を奏す |
| 999 | 長保元 | 34 | *11-* 長女彰子入内，女御になる。四尺倭絵屏風を作成 |
| 1000 | 2 | 35 | *2-25* 彰子立后，中宮となる。*4〜5-* 病のため辞表 |
| 1004 | 寛弘元 | 39 | *2-6* 頼通春日祭使となる。この年『御堂関白記』執筆再開 |
| 1005 | 2 | 40 | *10-19* 木幡浄妙寺三昧堂供養を行う |
| 1006 | 3 | 41 | *3-4* 東三条第花宴。*10-25* 法性寺五大堂仏像開眼供養 |
| 1007 | 4 | 42 | *8-* 金峯山に参詣，経筒を埋納 |
| 1008 | 5 | 43 | *9-11* 彰子，敦成親王を出産。『紫式部日記』書かれる |
| 1009 | 6 | 44 | *11-25* 彰子，敦良親王を出産 |
| 1011 | 8 | 46 | *6-13* 三条天皇践祚，*8-23* 関白を辞退，内覧宣旨をうける |
| 1012 | 長和元 | 47 | *2-14* 次女妍子中宮となる。*4-27* 女御娍子を皇后となす。妍子内裏参入。*11-* 三条天皇大嘗会。*12-* 長和に改元 |
| 1013 | 2 | 48 | *7-6* 妍子，三条皇女禎子内親王を出産 |
| 1014 | 3 | 49 | *3-* 道綱とともに三条天皇に譲位を迫る |
| 1015 | 4 | 50 | *10-26* 摂政に准じて除目・官奏を行う宣旨下る |
| 1016 | 5 | 51 | *1-29* 三条天皇譲位，後一条天皇践祚により摂政となる。*11-* 後一条天皇大嘗会。*12-7* 左大臣を辞す |
| 1017 | 寛仁元 | 52 | *3-16* 摂政を辞し，従一位に叙せらる。内大臣頼通，摂政となる。*5-9* 三条法皇没。*8-9* 敦明親王東宮を辞退，小一条院と号す。敦良親王立太子。*12-4* 太政大臣となる |
| 1018 | 2 | 53 | *1-3* 天皇元服の加冠役をつとめる。*2-9* 太政大臣を辞す。*10-16* 三女威子立后，三后並び立ち「望月の歌」をよむ |
| 1019 | 3 | 54 | *3-21* 出家(法名行観，のち行覚)。*9-* 東大寺にて受戒。正倉院宝物を拝観し，興福寺に詣でる |
| 1020 | 4 | 55 | *3-22* 無量寿院阿弥陀堂落慶法要を行う |
| 1022 | 治安2 | 57 | *7-14* 法成寺金堂供養を行う。定朝を法橋に叙す |
| 1023 | 3 | 58 | *10-* 高野山参詣。法隆寺・道明寺・四天王寺など詣でる |
| 1025 | 万寿2 | 60 | *8-5* 尚侍嬉子，東宮敦良親王の皇子親仁を出産し，死去 |
| 1026 | 3 | 61 | *1-19* 彰子出家，上東門院と号す |
| 1027 | 4 | 62 | *9-21* 妍子死去。*12-4* 死去。鳥辺野にて葬送，木幡に埋葬 |

大津　透（おおつ　とおる）
1960年生まれ
東京大学大学院人文科学研究科（国史学専攻）博士課程中退
専攻，日本古代史
現在，東京大学大学院人文社会系研究科教授
主要著書
『律令国家支配構造の研究』（岩波書店1993）
『日本の歴史06　道長と宮廷社会』（講談社学術文庫2009）
『摂関期の国家と社会』（編著，山川出版社2016）
『藤原道長事典』（共編，思文閣出版2017）
『律令国家と隋唐文明』（岩波新書2020）

日本史リブレット人 019
藤原道長《ふじわらのみちなが》
摂関期の政治と文化

2022年11月10日　1版1刷　発行
2024年6月30日　1版2刷　発行

著者：大津《おおつ》 透《とおる》

発行者：野澤武史

発行所：株式会社 山川出版社

〒101－0047　東京都千代田区内神田1－13－13
電話　03(3293)8131（営業）
03(3293)8135（編集）
https://www.yamakawa.co.jp/

印刷所：信毎書籍印刷株式会社

製本所：株式会社 ブロケード

装幀：菊地信義＋水戸部功

ISBN 978-4-634-54819-0

# 日本史リブレット 人

1 卑弥呼と台与——仁藤敦史
2 倭の五王——森　公章
3 蘇我大臣家——佐藤長門
4 聖徳太子——大平　聡
5 天智天皇——須原祥二
6 天武天皇と持統天皇——義江明子
7 聖武天皇——寺崎保広
8 行基——鈴木景二
9 藤原不比等——坂上康俊
10 大伴家持——鐘江宏之
11 桓武天皇——西本昌弘
12 空海——曾根正人
13 円仁と円珍——平野卓治
14 菅原道真——大隅清陽
15 藤原良房——今　正秀
16 宇多天皇と醍醐天皇——川尻秋生
17 平将門と藤原純友——下向井龍彦
18 源信と空也——新川登亀男
19 藤原道長——大津　透
20 清少納言と紫式部——丸山裕美子
21 後三条天皇——美川　圭
22 源義家——野口　実
23 奥州藤原三代——斉藤利男
24 後白河上皇——遠藤基郎
25 平清盛——上杉和彦
26 源頼朝——高橋典幸
27 重源と栄西——久野修義
28 法然——平　雅行
29 北条時政と北条政子——関　幸彦
30 藤原定家——五味文彦
31 後鳥羽上皇——杉橋隆夫
32 北条泰時——三田武繁
33 日蓮と一遍——佐々木馨
34 北条時宗と安達泰盛——福島金治
35 北条高時と金沢貞顕——永井　晋
36 足利尊氏と足利直義——山家浩樹
37 後醍醐天皇——本郷和人
38 北畠親房と今川了俊——近藤成一
39 足利義満——伊藤喜良
40 足利義政と日野富子——田端泰子
41 蓮如——神田千里
42 北条早雲——池上裕子
43 武田信玄と毛利元就——鴨川達夫
44 フランシスコ＝ザビエル——浅見雅一
45 織田信長——藤田達生
46 徳川家康——藤井讓治
47 後水尾院と東福門院——山口和夫
48 徳川光圀——鈴木暎一
49 徳川綱吉——福田千鶴
50 渋川春海——林　淳
51 徳川吉宗——大石　学
52 田沼意次——深谷克己
53 遠山景元——藤田　覚
54 酒井抱一——玉蟲敏子
55 葛飾北斎——大久保純一
56 塙保己一——高埜利彦
57 伊能忠敬——星埜由尚
58 近藤重蔵と近藤富蔵——谷本晃久
59 二宮尊徳——舟橋明宏
60 平田篤胤と佐藤信淵——小野　将
61 大原幽学と飯岡助五郎——高橋　敏
62 ケンペルとシーボルト——松井洋子
63 小林一茶——青木美智男
64 鶴屋南北——諏訪春雄
65 中山みき——小澤　浩
66 勝小吉と勝海舟——大口勇次郎
67 坂本龍馬——井上　勲
68 土方歳三と榎本武揚——宮地正人
69 徳川慶喜——松尾正人
70 木戸孝允——一坂太郎
71 西郷隆盛——徳永和喜
72 大久保利通——佐々木克
73 明治天皇と昭憲皇太后——佐々木隆
74 岩倉具視——坂本一登
75 後藤象二郎——村瀬信一
76 福澤諭吉と大隈重信——池田勇太
77 伊藤博文と山県有朋——西川　誠
78 井上馨——神山恒雄
79 河野広中と田中正造——田崎公司
80 尚泰——川畑　恵
81 森有礼と内村鑑三——狐塚裕子
82 重野安繹と久米邦武——松沢裕作
83 徳富蘇峰——中野目徹
84 岡倉天心と大川周明——塩出浩之
85 渋沢栄一——井上　潤
86 三野村利左衛門と益田孝——森田貴子
87 ボワソナード——池田眞朗
88 島地黙雷——山口輝臣
89 児玉源太郎——大澤博明
90 西園寺公望——永井　和
91 桂太郎と森鷗外——荒木康彦
92 高峰譲吉と豊田佐吉——鈴木　淳
93 平塚らいてう——差波亜紀子
94 原敬——季武嘉也
95 美濃部達吉と吉野作造——古川江里子
96 斎藤実——小林和幸
97 田中義一——加藤陽子
98 松岡洋右——田浦雅徳
99 溥儀——塚瀬　進
100 東条英機——古川隆久

〈白ヌキ数字は既刊〉